Schreiber vs. Schneider
Bye bye Bombay

Schreiber vs. Schneider

BYE BYE BOMBAY
50 KOLUMNEN ZU VIERT

Die Kolumnen sind erschienen in der «coopzeitung» 2004 und 2005

Alle Rechte vorbehalten
© 2005 Sybil Schreiber, Steven Schneider
Gestaltung: Erwin Hürlimann, Niederweningen
Redaktion: Gabriela Bonin, Levanto I / Christoph Zurfluh, Muri
Fotos: Karin Stalder, Zürich
Druck: Fotorotar, Egg
Printed in Switzerland

www.schreiber-schneider.ch
ISBN-10: 3-9522843-2-7
ISBN-13: 978-3-9522843-2-2
EAN: 9783952284322

Inhalt

Die Elefantenrunde	8
Zwischen den Zeilen	10
Ein fremder Slip	12
Haargenau il papà	14
Wer kennt diese Frau?	16
Die Männer von der Schweinegruppe	18
Blondinen	20
Luftschlösser	22
Leonardo DiCaprio	24
Nebenwirkungen	26
Frau Doktor Zaubermaus	28
Spedition Schneider	30
Ha! He! Ho!	32
Doppelte Mogelpackung	34
Blues zu später Stunde	36
Halbe Portion	38
Schoggi als Heilmittel	40
Ausgespielt	42
Platzverweis	44
Na?!	46
Schreibers süsse Orgie	48
Schneider: auch ein Schreiber	50
Der Windsor-Knoten	52
Eine Hymne auf Kanonier Schneider	54
Zaubermaus ist verliebt	56
Bye bye Bombay	58
Keine grosse Sache	60
Überraschung im Schlafzimmer	62
Wiedervereinigung im Brockenhaus	64
Welches Tier essen wir?	66

Mit Feuereifer	68
Feng Shui für Schreiber	70
Lauter Schnäppchen	72
Launisches Klima	74
Sture Geiss	76
Mama-Monster im siebten Himmel	78
Gemeinsam einsam	80
Papa auf der Pirsch	82
Das Hotel in der Pampa	84
Abheben oder ausrasten	86
Bin ich schön?	88
Bloss kein Einheitsbrei	90
Schlaflos in Poschiavo	92
Honigbrot statt Peitsche	94
Schneider allein zuhause	96
Viva la revolución!	98
Albtraum auf dem Parkplatz	100
Der Kramladen	102
Es liegt was in der Luft	104
Eine entscheidende Frage	106

«Lachen ist mir stets als die zivilisierteste Form menschlichen Geräusches erschienen.»
Peter Ustinov

Die Elefantenrunde

SIE

Es ist erstaunlich ruhig. Fast schon beunruhigend. Ich blinzle zum Wecker: halb neun! Herrlich. Ich durfte mal wieder richtig ausschlafen. Wie lieb von meinen Süssen. Leise komme ich aus dem Schlafzimmer, schleiche Richtung Wohnzimmer. Dort höre ich Schneider: «Und noch ein Pfannkuchen, und noch einer. Ha! Und dort – au nein, auf den Boden.» Mein Liebster sitzt vor unserem Computer, auf seinem Schoss unsere beiden Töchter.

Alma kichert. Ida brabbelt. Ich staune.

Auf dem Bildschirm wirft eine Maus Pfannkuchen in die Luft; ein Elefant wetzt hinterher und fängt sie wieder auf. Oder auch nicht. «Ooohuiii, wieder auf den Boden geplumpst.» Der Elefant ist Schneider.

Alma winkt, Ida dreht ihr Köpfchen zu mir, der Elefant drückt die Tasten. «Wow, ich hab schon zwölf gefangen, super.»

«Psst, Mama, Papa spielt!», erklärt mir unsere Zaubermaus. «Weisst du, er macht Frühstück für uns.» Sie deutet auf den Bildschirm.

Ich versuche, in Kontakt mit Schneider zu treten. «Duhuuu, hatten wir nicht abgemacht …»

«Psst, ich kann jetzt nicht. So gut war ich noch nie. Diesmal schaffe ich 20.» Schneiders Finger zucken.

Mein letzter Versuch: «Hatten wir nicht abgemacht, dass es Computerspiele nur im allergrössten Ausnahmefall gibt?!»

Schneider: «Das IST ein Ausnahmezustand: Du hast ausgeschlafen.»

Stillende Mütter sind für Väter das Beste. Abgesehen davon, dass allein die Milch der Mutter die Bezeichnung «Energy Drink» verdient, gibts einen weiteren Vorteil: Ich muss nachts nicht aufstehen und Schoppen machen. Stattdessen stillt Schreiber mit Hingabe, bis manchmal ihre Brüste entzündet sind, Tag und Nacht und ohne zu jammern.

Also schlafe ich durch – komme aber dennoch nicht ungeschoren davon: Ich stehe nämlich mit meinen Töchtern auf. Das ist kein Zuckerschlecken, denn beide wollen ab sechs Uhr Programm. Alma liebt es, unentwegt zu reden. Ida liebt es, in den neuen Tag getragen zu werden. Also wandere ich mit meiner vier Monate alten Tochter im Arm durch unsere Wohnung, begleitet von meiner plappernden vierjährigen Tochter.

Nach etwa einem Kilometer auf der Route Küche – Stube – Kinderzimmer folgen diese Programmpunkte:

Das Rollenspiel: Wir-sind-ein-Hotel-und-machen-Frühstück (einhändig tischen, Müesli zubereiten und rauchende Gäste rauswerfen).

Das Familienspiel: Du-bist-mein-Mann-und-Ida-unser-Baby (und Schreiber ist die Grossmutter, die noch schlafen darf).

Das Bilderbuch: Alma wählt eines aus und ich lese vor (zum 800sten Mal «Birke, Birnbaum, Berberitze»).

Danach setze ich mich völlig erledigt mit meinen Mädels im Arm an den Computer und spiele eine Runde «Elefant-fängt-Pfannkuchen».

Exakt dreissig Sekunden später steht Schreiber hinter mir.

Zwischen den Zeilen

Schreiber hängt müde im Stuhl. «Ach, ich muss im Keller noch die Wäsche aus der Maschine nehmen und aufhängen», sagt sie und blickt erschöpft die Mineralwasserflasche auf dem Tisch an.

Ich bin auch müde, denn die Nächte sind in letzter Zeit kurz und meine Arbeitstage lang. Was niemanden wirklich interessiert. Aber ich bin mittlerweile Hobbypsychologe genug, um zu verstehen, was mir Schreiber mit diesem «Ach»-Satz wirklich sagen will.

Erstens teilt sie mir mit, was sie geleistet hat, nämlich: «Ich hatte den ganzen Tag keine ruhige Minute, war ständig auf den Beinen, Keller runter und wieder rauf, tonnenweise Wäsche schleppen. Auch wenn unsere beiden Töchter noch klein sind – es sind Berge, die ich sortiere, in die Maschine einräume, ausräume und zum Trocknen aufhänge.»

Die zweite wichtige Botschaft im besagten Satz: «Ach, ich muss im Keller noch die Wäsche aus der Maschine nehmen und aufhängen» liegt im Wörtchen «ich». Unter Missachtung sämtlicher grammatikalischer Regeln meint Schreiber mit ich nämlich du – also mich.

Richtig gedeutet bedeutet der Satz «Ach, ich muss im Keller noch die Wäsche aus der Maschine nehmen und aufhängen» also nichts anderes als: «Ich habe den ganzen Tag geschuftet, und ich wäre froh, wenn du nun diese letzte Wäsche aufhängst.»

Warum sagt sie das nicht gleich?

Schneider setzt sich an den Tisch. Unsere beiden Töchter nehmen ihn sofort in Beschlag. Er ist echt süss mit ihnen, erkundigt sich nach ihrem Tag, nimmt sie auf den Schoss. Die drei sind glücklich miteinander, lachen und plaudern.

Was ich den Tag über gemacht habe, will der Vater meiner Kinder nicht wissen. Ist auch nicht wirklich spannend: vier Maschinen 40 Grad, eine Kochwäsche, sieben T-Shirts von Hand vorgewaschen, alle Betten frisch bezogen, nix aufgeräumt.

Ich erwarte nicht, dass sich mein Liebster nach einem Arbeitstag mit Elan in die Waschküche schwingt oder singend den Staubsauger anwirft. Aber ein bisschen mehr Interesse an meinem Hausfrauenalltag mit all seinen Schattenseiten könnte er haben. Anteil nehmen und anpacken, das wärs!

Anscheinend versteht er meine eindeutigen Körpersignale nicht: hängende Schultern, Seufzer, den Wäschekorb müde hochheben. Ich komme aus dem Keller zurück und kippe eine Ladung trockener Wäsche lautstark aufs Sofa: «Uff, eine hab ich noch!» Hört mir jemand zu? Nein.

Der Rest der Familie unterhält sich prima. Zaubermaus lacht Schneider an und sagt: «Papa, in meinem Zimmer ist alles durcheinander. Hilfst du mir beim Aufräumen?»

Und was antwortet er: «Klar, mach ich!»

Ich sollte unbedingt ein Kommunikationsseminar bei meiner Tochter buchen.

Ein fremder Slip

Soooo! Ich stelle den prall gefüllten Korb mit der sauberen Wäsche ins Arbeitszimmer. Ich bin gar nicht so lasch im Haushalt, wie meine Liebste immer behauptet. Meine Nachbarinnen können das bezeugen, sie haben mich schon bügeln und staubsaugen gesehen – und dabei «beneidenswert» geseufzt. Schreiber tritt ins Zimmer, sieht den Wäschekorb und sagt vorwurfsvoll: «Schmeiss nicht alles einfach rein, sondern leg die Wäsche geordnet in den Korb. Sonst habe ich die doppelte Arbeit beim Wegräumen!»

Aha. Kein Danke, kein Lächeln, sondern noch mehr Ansprüche. Ich kontere: «Weisst du, wie lange ich dann in der Waschküche stehen würde, wenn ich auch noch alles zusammenlegen müsste?» Die hat Nerven! Abgesehen davon werde ich es sein, der die Wäsche faltet und in unsere prallvollen Kleiderschränke verteilt. So viel Sachen, ein Wahnsinn! Alma hat ungefähr 23 T-Shirts, Ida zehn Strampelanzüge, Söckchen ohne Ende und kiloweise Sabbertücher.

Ich arbeite mich durch den Berg. Langsam ist ein Ende absehbar. Hm, muss ich Schreibers Unterwäsche bügeln? Wohl kaum. Dann fische ich eine grosse, weisse Unterhose mit breitem Rand heraus. Hoppla! Seit wann trägt sie denn so was?

In diesem Moment kommt meine Liebste wieder herein, sieht das weisse Teil und sagt: «Die Unterwäsche unserer Nachbarin kannst du ruhig wieder in den Keller tragen.»

Jetzt leben wir seit sieben verflixten Jahren zusammen, und der Mann an meiner Seite bringt allen Ernstes die Unterhosen unserer Nachbarin herauf. Dabei sollte er wissen, dass ich nur schwarze trage. Wo guckt der eigentlich hin? So gesehen spielt es überhaupt keine Rolle, was ich anziehe. Er bemerkt es sowieso nicht. Etwas verunsichert von seinem Fehlgriff fragt er mich bei einem Badetuch: «Gehört das uns?» Ja, und er trocknet sich jede Woche damit ab.

Aber ich sollte vielleicht nicht so streng sein, denn es ist echt nett, dass er mir unter die Arme greift. Er ist auch gar nicht so untätig, wie ich manchmal tue. Zaubermaus hat mir die Augen geöffnet. «Mein Papa ist der Beste, und den will ich mal heiraten!», sagte sie gestern Abend vor dem Einschlafen. «Weil er viel mit mir lacht und nicht immer so streng ist wie du.»

Das sass. Und sitzt noch immer ein wenig. Warum bin ich so zickig, kritisch, vorwurfsvoll? Ich habe zwei süsse Kinder und genau den Schneider, den ich will. Selbst wenn er falsche Unterhosen von der Leine nimmt.

Ich komme zum Schluss: Ich muss strenger sein – ausnahmsweise aber mal mit mir selbst. Denn ich gefalle mir überhaupt nicht, wenn ich an allem herummosere. Da passt doch grad der Kalenderspruch, den ich heute gelesen habe: «Der einzige Mensch, den du ändern kannst – bist du selbst.»

SIE

Haargenau il papà!

Ida und ich unterhalten uns. Wie immer, wenn ich sie wickle. «Ja, du, du, du! Guguseli. Bellissima! Stella! Mis Schätzeli!» Sie findet mich auch schwer in Ordnung, denn sie lacht fröhlich. So eine Feine! Ich singe: «Ida Paulina, bella bambina, bella bambina, Ida Paulina.» Was für eine klassische Nase, denke ich, und Ida strahlt. «Jo, du, du, du, Schätzeli, bellezza!» Ach, unsere Kleine ist eine wahre Schönheit.

Und ich bin begeistert, dass sie mir so aufs Haar gleicht! Eine richtige kleine Schneider habe ich mit ihr, endlich, denn Alma hat alles von ihrer Mutter und wenig von mir, ausser, dass auch sie gern nackt in der Wohnung herumhüpft. «Ja, du, du, du, Schätzeli!» Ich kraule Idas Bauch, und sie reckt sich ganz wohlig. Toll, noch ein Töchterchen zu haben. Ich stamme ja aus einem Vierjungen-Haushalt, wo das Weibliche zu kurz kam – und jetzt liebe ich es, meine zwei Mädels schön zu machen. «Ach, Ida, du bist so hübsch mit deinen Kulleraugen und langen Haaren.»

Aber spitze Fingernägel hat sie. Messerscharf. Ich nehme die Nagelschere aus der Schublade. Schnipp, schnapp, die Nägeli fliegen aufs Handtuch. «Soooooodeli, Schätzeli!», sage ich und schaue sie verliebt an. Doch was ist denn das? Dunkle Haarsträhnen verdecken ihre formvollendeten Öhrchen? Das lässt sich ändern. Schreiber wird Augen machen!

Zu Beginn war es für mich gewöhnungsbedürftig, ein dunkelhaariges Kind in den Armen zu halten. «Ist das wirklich unser Baby?», fragte ich kurz nach der Geburt. Ich war als Säugling glatzköpfig und später hellblond, Alma ebenfalls, meine Eltern auch. Schneider hatte mal Haare, und zwar blonde. Seine Eltern: Papa blond und Mama ... aha! Dunkle, dicke Haare. Ganz klar: Die italienische Verwandtschaft macht sich bei Idas Schopf bemerkbar.

SIE

Finde ich mittlerweile Klasse! Denn Alma und ich lieben es, Friseur zu spielen. Wir stecken Ida Klämmerchen ins Haar, bürsten und fönen, bis unsere Piccolina wie eine Prinzessin oder Elvis Presley aussieht.

Doch heute ist auf der Seite nichts mehr zum Zwirbeln: die Haare über den Ohren – kurz geschnitten. «Alma», sage ich, «hast du der Ida die Haare geschnitten?» Sie schüttelt den Kopf. «Nein.» – Wer wagt es dann, meiner Tochter die Haare zu stutzen?

Wer wohl???

Ich rufe im Büro an: «Hast DU heute Morgen Ida die Haare geschnitten?» – «Die hingen so unschön über ihre Ohren ...» – «Ach, seit wann sind DIR Frisuren wichtig?», frage ich, denn bei mir merkt er nie, wenn ich beim Friseur war. «Du hast als Kind wahrscheinlich zu wenig mit Puppen gespielt», schimpfe ich, «aber Ida ist keine Puppe! Kapiert?»

Als ich auflege, sagt Alma: «Papa kann eine von meinen Puppen haben.» Sie wählt jene mit der Glatze aus.

Wer kennt diese Frau?

Schneider ist verliebt. Wie schön für ihn. Ich bin nicht einmal eifersüchtig. Im Gegenteil: Ich freue mich, dass er völlig aus dem Häuschen ist. Wegen Ida.

Was mir allerdings zu schaffen macht, ist seine Ausdrucksweise. Irgendwie ist es extrem unsexy, wenn der Mann, den ich liebe, der so gut singen kann und mit dem ich alt werden möchte, beim Anblick unserer Piccolina die Sprache verliert und nur noch Unsinn quatscht: «Mis Schätzeli, dudelidudeli, du Süessi, du.» Zu Deutsch: Mein Schatz, du Süsse du.

Warum also SCHÄTZELI?!

Ich meine, wenn man seinen Pudel so ruft, wohlan. Aber meine Tochter, die ernsthaft und besonnen ist, die so klug und souverän in die Welt blickt mit ihren klaren Augen? Ida ist kein Schätzeli, zu ihr passt kein Dudelidu oder Jödeldidö. Ida hat Klasse.

Mal abgesehen davon, haben Schneider und ich bereits nach Almas Geburt beschlossen, unseren Kindern Italienisch beizubringen, ist ja immerhin seine Muttersprache. «Liebster», raune ich freundlich, «rede doch auch mit Ida von Anfang an italienisch. Denn je früher sie sich an diesen Klang gewöhnt, umso besser.»

Statt Schätzeli posaunt Schneider nun: «Stella! Bellissima! Tesorino!» Davon profitieren wir alle: Ida lernt Fremdsprachen und ich komme mir vor wie in den Ferien. Ti amo, Schätzeli!

Schreiber hat was gegen meine Babysprache. Na gut, soll sie. Ida aber findets toll. Abgesehen davon kann ich nicht anders: Ich freue mich so über die Kleine, dass ich völlig ausser mir bin, wenn ich sie sehe. In meinen Adern fliesst italienisches Blut; und Italiener lieben Babys bekanntlich über alles!

Jedenfalls habe ich noch nie davon gehört, dass ein «Guguseli!» einem Baby schlecht bekomme. Bedenklicher hingegen finde ich, wenn Schreiber Schweizerdeutsch spricht. «So verstehen mich die Nachbarkinder besser», entschuldigt sie sich. Bei allem Respekt für die Deutschen: Schweizer Mundart sollten sie alleine den Schweizern überlassen. Wenn Tessiner, Welsche und Rätoromanen Schweizerdeutsch sprechen, klingt das sehr charmant. Wenn die Deutschen es versuchen, ist es nur peinlich.

Schreiber aber schreckt das nicht. Sie wendet bei allen Kindern zwischen zwei und neun Jahren unerschrocken Dialekt an – und stets auch dann, wenn wir uns unter deutschen Feriengästen befinden. Zum Beispiel im Waggon der Rhätischen Bahn oder beim Brötchenholen im Engadin. Denn meine Münchnerin will unter ihren Landsleuten lieber als Schweizerin durchgehen. Deshalb quält sie sich – und mich – mit Sätzen wie: «Bitte foif Kipfeli und zwei Wäckli, wenn Sii went so gut siii.»

Ich tu dann jeweils so, als würde ich diese Frau nicht kennen. Und rede italienisch.

Die Männer von der Schweinegruppe

SIE

«Zieh dich gut an, auf dem Hof ist immer furchtbarer Matsch», ruft mir mein Liebster aus dem Treppenhaus zu. Wir sind auf dem Weg zur Weinegg, die Schweinegruppe lädt zum Festschmaus ein. Woran mein Liebster nicht denkt: Wir essen nicht im Hühnerstall, sondern auf dem Vorplatz mit schönem, altem Kopfsteinpflaster. Ich werde also meine neuen halbhohen Stiefel anziehen und dazu den wadenlangen, weiten Jupe.

«Kommst du endlich?», ruft Schneider genervt.
Ist immerhin ein Festtag, denn die kleinen Schweine wurden geschlachtet, verwurstet und heute kommen sie auf den Grill. Da kann man sich doch ein bisschen hübsch machen.

Sollte man zumindest meinen! Im Treppenhaus aber steht mein Schneider mit Faserpelz, Bergschuhen, ausgebeulten Manchesterhosen und auf dem Kopf eine Wollmütze, die nicht mal Jack Nicholson in «Shining» tragen würde.

Dabei hätte er so richtig schöne Kleider. Die kaufen wir jeweils in Italien. Dort legt er nämlich durchaus Wert aufs Äussere.

Aber: Seit Monaten hängen der neue Anzug und das neue Hemd im Schrank. Sie kommen nur zum Einsatz, wenn Schneider eine Sitzung hat. Dann wirft er sich in Schale. Doch kaum ist er wieder zuhause – fertig schön! Sein Argument gegen den Kleiderzwang im Privatleben: «Bei dir kann ich sein, wie ich bin; da muss ich doch nicht wie ein Pfau herumlaufen.»

Na, ja: Ein Pfau gefällt mir besser als ein hässliches Entlein!

Tatort Quartierbauernhof Weinegg, gleich um die Ecke. Schon wieder einer, der Schreiber küsst! Langsam reichts, denke ich. Wo sind wir denn hier? Küsschen hier, Küsschen da und tralala. Ich finde, die Herren der Schweinegruppe gockeln etwas zu stark um meine Frau herum, die zur Hühnergruppe gehört.

Grundsätzlich finde ich den Bauernhof mitten in der Stadt toll. Zwanzig Hühner führen dort ein schönes Leben, zusammen mit einem Dutzend Kaninchen, einigen Wollschweinen, Ponys und Mauseln. Hier lernen Stadtkinder und deren Eltern das echte Landleben kennen, versorgen die Tiere, misten Ställe aus und schneiden mit der Sense die Brennnesseln.

Natürlich finde ich es auch toll, dass die Schweinegruppe an diesem Samstagnachmittag das Fleisch von vier frisch geschlachteten Wollschweinen verkauft. Ich dachte, in Bergschuhen und Faserpelzjacke dem Anlass entsprechend gekleidet zu sein. Irrtum! Ein Bauernhof in der Stadt ist eben kein Bauernhof auf dem Land.

Die Männer, die meine Liebste belagern, tragen alle viel Eleganteres. Schreiber geniesst die Aufmerksamkeit, während ich wohl traurig aus der Wäsche schaue. Denn der Typ neben mir (edle Wildlederjacke, Kaschmirschal) stupst mich in die Seite.

«Na, du bist sicher aus der Schweinegruppe und trauerst den geschlachteten Viechern nach, wie?»

Nein, nicht wirklich. Ich trauere viel mehr den Zeiten nach, als ein Bauernhof noch ein Bauernhof war. Kleidermässig jedenfalls.

Blondinen

Samstagmorgen. Habe eben mit Ida im Kinderwagen eine Runde gedreht, damit die kleine Frühaufsteherin noch einmal einschläft.

Was keine leichte Aufgabe ist. Denn unsere jüngste Tochter will nicht liegen, sondern sitzen. Sie will sich umsehen, jeden Regenwurm, jeden Baum genau beobachten und fragt sich wohl, was das alles bedeuten könnte. Irgendwann schläft sie aber doch ein, aufrecht und wehe, ich versuche sie dann flach zu legen: Sofort schlägt sie die Augen wieder auf.

Ich lasse sie also sitzend schlafen und rolle den Wagen ins Treppenhaus vor unsere Tür. Schreiber ihrerseits ist auch schon wach und steht mit einer Broschüre in der Küche: «Der Geschirrspüler hat ein Leck», schimpft sie, und blättert in der Gebrauchsanleitung. Gerade als ich ihr helfen will, stösst die Kleine vor der Tür einen spitzen Schrei aus. Nein, denke ich, nicht schon wieder! Ich gehe raus ins Treppenhaus, ruckle am Wagen und siehe da: Ida schliesst die Augen und schläft weiter. Als ich nach etwa zwei Minuten zurück in die Küche komme, sitzt Schreiber am Tisch. Ich frage: «Soll ich mal schauen?» Sie guckt ganz erstaunt: «Was?» – «Ist doch kaputt.» – «Wer?» – «Der Geschirrspüler! Erinnerst du dich?» – «Ach, ja, nein. Alles wieder in Ordnung. Meine Güte, bin ich vergesslich!»

Kann man wohl sagen, denke ich.

Plötzlich erschrickt Schreiber: «Du, wo ist eigentlich Ida?»

Langsam zweifle ich an mir. Schneider grinst: «Du sagst ja selber, dass du sehr blond bist.» Aber hallo! Das ist doch keine Frage der Haarfarbe, sondern eine Frage der Lebenssituation: Denn eine Frau, die stillt, ist anders als sonst. Vergesslich eben.

Als ich später meinen Nachbarinnen am Spielplatz die Geschichte erzähle, beruhigen sie mich.

«Ich war gerade beim Wickeln, da klingelte das Telefon», beginnt Mona. «Ich plauderte frisch drauflos und hatte viel zu erzählen. Als ich auflegte, wusste ich nicht mehr, wo ich meinen Kleinen hingelegt hatte!» Na, wo wohl? «Er lag immer noch auf dem Wickeltisch und war eingeschlafen!», sagt sie. «Zum Glück hatte ich ihn auf unserem amerikanischen Modell angeschnallt.»

Dann legt Karla los: «Ich wollte einkaufen. Vier Wochen nach der Geburt. Die schlafende Sophie hievte ich im Autokindersitz ins Einkaufswägeli. Dann hatte ich eine bessere Idee, stellte den Wagen beim Gemüse ab, nahm einen Einkaufskorb und besorgte ruckzuck meine Sachen. Als mich die Frau an der Kasse fragte, ob ich eine Kundenkarte hätte, fiel mir ein, dass ich vor allem eine Tochter hatte, und zwar beim Gemüse!»

Wir lachen schallend.

Mein Handy surrt. Schneider: «Ich stehe in der Apotheke. Was soll ich hier schon wieder kaufen?»

Diesmal grinse ich: «Stillst du jetzt auch, Blondie?»

Luftschlösser

Wir sitzen beim Frühstück. Zaubermaus schleckt Honig aus dem Glas, Schneider liest, und ich will mir ein Brot schmieren: «Reichst du mir die Butter, bitte?»
   Schneider greift suchend über den Tisch.
   «Island?»
   «Nein. Butter und Gruyère. Bitte!»
   «Oder hier: Schule in Indien sucht Lehrer.»
Er gibt mir die Holundermarmelade.
   «Was hältst du davon: Farmerfamilie in Neuseeland braucht tatkräftige Unterstützung?» Schneider strahlt und schlürft seinen Kaffee.

Meine Schuld. Dummerweise habe ich bei einer Nachbarin die Zeitschrift «Globetrotter» ausgeliehen. Ein dickes Magazin, das günstige Fernreisen anbietet. Auf den hinteren Seiten gibts reihenweise Kleinanzeigen aus aller Welt. Und eben diese verschlingt Schneider, statt ordentlich mit uns zu frühstücken.

«In Südamerika suchen sie Helfer für ein Entwicklungsprojekt – das wär doch was für uns», schwärmt er.

Mit zwei kleinen Kindern wohl eher eine Schnapsidee! Mein Liebster ist wieder mal reisekrank. Typische Symptome seines Fernwehs: Er schleppt Kataloge an, steht versunken vor unserem leuchtenden Globus, blättert seufzend im Atlas. Ich mache Gegenvorschläge: «Letztes Mal bin ich mit dir nach Australien gereist. Jetzt kommst du mal mit mir. Ich weiss auch schon wohin: kein Jetlag, keine Impfungen, keine fremden Sprachen, kinderfreundlich und über den Wolken.»

   Schneider rätselt: «Das Paradies?»
   «Nein, der Üetliberg!»

Schreiber genügen Zeitschriften als Tor zur Welt. Fasziniert liest sie in der «Brigitte» Reisereportagen, sogar Südindien findet sie auf diese Weise interessant. Aber wenn ich dann den ebenso faszinierenden Vorschlag mache, dorthin zu reisen, an den Sandstränden zu spazieren, mit Familienanschluss auf einer Farm zu leben, wo uns das Currykochen beigebracht würde, und …

«Schneider!»

«Ja, meine Liebe?»

«Vergiss es.»

Will ich aber nicht. Denn jetzt können wir noch reisen. Sobald unsere Kleinen mal grösser sind, sind wir an die Schulferien gebunden. Mir graut! Millionen von Leuten belagern die Strände, alles ist sündhaft teuer. Schlimmer kann man eine reiselustige Familie nicht bestrafen!

Doch Schreiber denkt nicht so weit. Für sie beginnt die weite Welt bereits auf der Terrasse.

Zum Glück habe ich Alma. Sie liebt es, mit mir Ferienfotos anzuschauen. Zum Beispiel jene unserer langen Australienreise. Begeistert zeigt sie auf die Bilder mit den Kängurus.

«Da will ich wieder mal hin! Und Ida hat ja noch nie Kängurus gesehen», sagt sie voller Anteilnahme. Richtig. Ich streichle meiner Kleinen durch die Haare und drücke sie an mich. Sie ist meine beste Lobbyistin. Ich sage: «Machen wir. Du fragst ab jetzt jeden Tag von morgens bis abends die Mama, ob sie auch mitkommen mag.»

Leonardo DiCaprio

Schreiber hat Recht: Warum in die Ferne schweifen, wenn das Gute so nah liegt? Und hier auf dem Üetliberg, dem Stadtberg von Zürich, ist es im Augenblick gut. Sehr gut sogar, das muss ich zugeben, selbst als Aargauer.

Die Aussicht ist famos! Hunderttausend Lichter funkeln in der Ebene und zwischen den Hügeln. Das beleuchtete Tanzschiff schiebt sich auf dem grossen See durch die Nacht. Ich erinnere mich spontan an das Lied «Downtown» von Petula Clark und singe es lautstark gegen den Wind, der um die Spitze des Aussichtsturmes pfeift.

Fantastisch! Ich will Schreiber zu ihrer Hartnäckigkeit gratulieren, mich hierher geschleppt zu haben, aber sie ist schon auf dem Weg hinunter. Zu kalt, der Wind hier oben, vermute ich.

ER Die Arme. Sie ist einfach nicht geschaffen für diese Breitengrade. Im Herbst, Winter und Frühling leidet sie: entzündete Nasennebenhöhlen, Schnupfen, Husten. Schreiber und Kälte passen nicht zusammen. Ich mache stets Vorschläge, in warme Gegenden zu verreisen, aber sie fliegt nicht gern. Am besten wäre es deshalb, den grössten Teil des Jahres am Golf von Genua zu verbringen. Direktzug ab Zürich, meeresfeuchte Luft, wärmende Sonnenstrahlen, gute Espressi, Spaziergänge zwischen Pinien, deren ätherische Öle so gut sind für die Atemwege …

Ich blicke hinunter auf den See und atme tief ein. Das Leben ist schön! Selbst wenn einem manchmal ein kalter Wind um die Ohren pfeift.

135, 136, 137... Stufe für Stufe gehe ich nach oben. Noch vierzig habe ich vor mir. Ich muss mich konzentrieren, da mir arg schwindlig ist.

Durch die Treppe sehe ich den Boden in immer weiterer Ferne, das Geländer hat breite Öffnungen. In meinem Kopf dreht sich alles. Tief durchatmen, nicht nach unten sehen. Eine schützende Hand in der Nähe würde mir auf dem Weg nach oben gut tun. Jemand, der mir Halt gibt.

Doch kein Schneider weit und breit. Er nahm zwei Stufen auf einmal und war nicht mehr zu sehen.

Ich tapse unsicher weiter. Warum nur tue ich mir das an? Die Aussicht war doch bereits unten umwerfend. Was bringen da die dreissig künstlichen Höhenmeter? Aber Schneider wollte unbedingt hoch hinaus. Wenn er schon mal hier sei, hat er gesagt.

Geschafft! Ich stehe tatsächlich oben auf dem Aussichtsturm vom Üetliberg. Mir ist schlecht. Ich habe Kopfweh, ausserdem schwankt der Turm. Oder der Boden. Oder beides. Schneider jauchzt und winkt mir zu.

«Komm, schau dir das an!»

Er ist begeistert, rudert mit den Armen, freut sich, dass er auf der anderen Seite der Stadt unsere Siedlung auf der Anhöhe entdeckt hat, und hält den Zürichsee für das Meer. Fehlt nur noch, dass er sich wie Leonardo DiCaprio in «Titanic» an das Geländer lehnt, die Hände ausbreitet und singt.

Er tuts.

So schnell bin ich noch nie 177 Stufen hinuntergelaufen.

Nebenwirkungen

Der Ausflug auf den Üetliberg war nichts für mich. Ich bin total erkältet. Medizin nehme ich in der Regel keine, und wenn Fieber droht, dann lege ich mich ins Bett und schlafe die Krankheit aus.

Zum Liegen kam ich tagsüber aber nicht, und als ich am Abend pausenlos huste, erliege ich der Versuchung: Ich entscheide mich für einen Hustensaft mit Aprikosenaroma und schlucke drei Messlöffel voll, wie auf der Packung angegeben.

Die folgende Stunde lese ich im neuen Krimi von Arnaldur Indridason, einem isländischen Autor, und finde, dass mein Herz zu schnell schlägt. Ich lösche das Licht und merke, dass es mir in der Brust eng wird. Ich stehe auf und lese die Packungsbeilage. Von den 26 Nebenwirkungen treffen auf mich zu: Schlafstörung, Unruhe, Herzklopfen und Brustengegefühl.

Ich schalte den Fernseher ein und versuche, ruhig zu atmen. Nach einer weiteren Stunde setze ich mich auf die Toilette. Ich habe Durchfall – eine weitere angekündigte Nebenwirkung.

Ich lege mich wieder ins Bett und halluziniere. Ein Albtraum! Ich werde Bundesrat als Vertreter der Senioren vom SC Zurzach, meine sechs Kollegen sind von der SVP. Ich komme aber nicht zum Regieren, weil ich dauernd aufs Klo muss («vermehrte Harnausscheidung» als weitere Nebenwirkung). Es schnürt mir den Hals zu.

Soll ich Schreiber alarmieren? Habe ich den falschen Messlöffel erwischt?

Ich glaube, mit mir geht es zu Ende.

Als Schneider vor einigen Jahren bei mir einzog, entdeckte er in meinem Schrank eine Schuhschachtel mit Medikamenten. Er war entsetzt.

«Wozu brauchst du all die Chemie?», wollte er wissen. «Na, für meine Stirnhöhle, gegen Sodbrennen, Heuschnupfen, Halsschmerzen und andere Wehwehchen halt. Was soll die Frage?»

Schneider ist ein harter Kerl und braucht solche Dinge nicht. Lieber leidet er. Und zwar bühnenreif. Er schlurft in seinem Jogginganzug durch die Wohnung, schleppt sich vom Sofa ins Bett und zurück. Dazwischen: ächzen, husten, ächzen.

Zaubermaus und ich spielen Spital. Die Kleine singt «Heile-heile-Segen», ich serviere Tee, koche Schneiders Leibspeise Fleischpflanzerl, die er Hacktätschli nennt, und bringe ihm sein Formel-1-Heft ans Bett. Er bedankt sich mit einem müden Blick, der Ärmste. Liegt wahrscheinlich am Hustensaft, den er letzte Nacht genommen hat.

Nach einem Tag Lazarett habe ich die Nase voll – buchstäblich: Ich bekomme Schnupfen und bin nur noch am Niesen und Schneuzen.

«Du solltest dich ins Bett legen und schlafen», sagt mein Liebster doch tatsächlich am nächsten Morgen, bevor er sich ins Büro absetzt und mich meinem Schicksal überlässt.

Als Krankenschwester taugt Schneider ebenso wenig wie als Patient.

SIE

Frau Doktor Zaubermaus

Nun hats auch noch unsere Tochter erwischt: «Alma! Du nimmst jetzt deine Medizin!»

«Nein!»

«Doch!»

«Nein!», weigert sie sich und rennt davon.

«Warum nein?», rufe ich hinterher.

«Einfach so!», höre ich noch knapp aus dem Kinderzimmer.

«So wirst du nie gesund!», drohe ich entnervt.

Doch da schleicht sie sich wieder in die Küche, ihre Puppe im Arm.

«Der Hustensaft ist für Pupo», sagt sie. «Weisst du, Papa, Pupo ist in den Zürichsee gefallen und hat jetzt starken Husten.»

«Genau wie du», sage ich und starte den nächsten Versuch.

«Ja, aber ich nehme keinen Hustensaft», sagt Schreibers Zaubermaus.

Ich gebe auf und bleibe zurück mit vier drängenden Fragen:

Erstens. Kann es sein, dass ein Kind besser weiss, was ihm gut tut?

Zweitens. Irren sich all die Hustensaftproduzenten, Ärzte und Eltern?

Drittens. Versage ich in diesem Moment einfach kläglich?

Viertens. Hat Schreibers Papa, ein pensionierter Arzt, vielleicht doch Recht, wenn er jeweils sagt: «Mit Medizin dauerts eine Woche, ohne sieben Tage.»?

Ich nehme einen Schluck.

«Mjammm, das ist aber fein!», sage ich und bemühe mich, meinen Ekel zu verbergen. Mein Liebster lacht bitter und flüstert: «Als Schauspielerin taugst du nichts.»

«Herr Superschlau weiss ja, wie man's macht! Hast deine Tochter voll im Griff und schaffst es knapp, einer Puppe Hustensaft zu geben!»

Unsere Tochter beobachtet uns aus sicherer Distanz. Ich werde langsam sauer. Sie verweigert jedes Medikament, und Schneider sagt, dass ich daraus keinen Stress machen soll: «Die Kleine wird auch ohne Medizin wieder gesund.»

«Na, prima! Ich spiele hier den Deppen, komme mir vor wie ein Quacksalber mit all den Tröpfchen und Zäpfchen, und du findest das völlig unnötig. Eine tolle Hilfe bist du!» Ich lege mich aufs Sofa und schmolle.

Da erscheint Zaubermaus mit ihrem Arztköfferchen. Sie streichelt meine Stirn.

«Mama, du bist krank», lautet ihre Diagnose. Sie greift nach dem Fiebermesser. Dann bringt sie die echte Hustensalbe und balsamiert mich ein. Sie blickt sehr, sehr ernst und konzentriert, während sie mir Hustenbonbons verabreicht. Ich bekomme ein Pflaster und eine Wärmflasche.

Nach einer Weile legt sich die Kleine zu mir aufs Sofa.

«Jetzt bin ich krank», sagt sie, lässt sich eincremen und lutscht ohne Murren ein Hustenbonbon.

Manchmal sind Kinder einfach die besseren Pädagogen.

Spedition Schneider

SIE

Was haben wir uns darauf gefreut, ein paar Tage im Schnee zu verbringen! Zaubermaus ist schon zu Hause dauernd im Skianzug herumgelaufen, und Ida sieht in ihrem Felldress wie ein Kätzchen aus. Ich habe all unsere Sachen gepackt. Schneider ist fast aus seinem fusseligen Faserpelz gefallen, als er das Gepäck gesehen hat.

«Wir fahren nur eine Woche weg!», mault er.

Es ist jedes Mal das Gleiche: Ich packe ein, und Schneider schimpft. Soll doch er mal machen! Ist nämlich gar nicht so einfach. Noch dazu, wenn Alma dabei hilft und ihr Puppenbett in der Tasche verstaut, dafür aber unser Necessaire unterm Bett versteckt. Ich muss mich jeweils richtig konzentrieren.

Mufflig fahren wir also los, und unsere Laune bessert sich erst, als wir für Schneider unterwegs in einem Einkaufszentrum neue Winterkleider kaufen. Skihose, Jacke, Handschuhe und Stiefel. Alles Schnäppchen. Ich bin begeistert! So hab ich Schneider noch nie gesehen. Richtig sportlich sieht er aus.

Danach beziehen wir unsere Ferienwohnung. Mein Liebster schleppt Taschen, ich verwandle Zaubermaus in ein Schneehaserl, Ida packe ich ins Fell. Jetzt muss nur noch ich mich umziehen, damit wir raus können.

«Wo hast du meine schwarze Tasche hingestellt?», frage ich Schneider.

«Welche schwarze Tasche? Da stehen doch drei!»

«Ich habe aber vier gepackt!»

«Vier?!»

Das reicht! Ich werde die Ferien im Dampfbad verbringen.

Angenommen, wir hätten einen Lieferwagen: Schreiber würde auch den füllen. Dabei ist es egal, ob wir für zwei oder vierzehn Nächte verreisen: Schreiber packt für alle Fälle. Und ich schleppe.

Zum Beispiel Almas Reisebett: Ich habe es durch ganz Italien gefahren, ungezählte Stockwerke hochgetragen, tausend Mal aufgebaut und wieder zusammengelegt, ohne dass unsere Kleine jemals darin geschlafen hätte. Aber Schreiber sagt noch heute: «Hol das Reisebett aus dem Keller. Nur für den Fall ...»

Mittlerweile ärgere ich mich meist nur noch stillschweigend, wenn ich das Reisegepäck sehe, das jedes Mal umfangreicher wird. Neuestens nehmen wir sogar unsere Bettdecken überallhin mit. Und dieses Mal ist auch ein Luftbefeuchter mit von der Partie, wegen Idas jungen Atemwegen.

Da ich mich unterwegs im Ausverkauf noch wintertauglich einkleiden darf, schleppe ich nach der Ankunft in den Bergen noch mehr Sachen die Treppen hoch. Wie sich herausstellt, ist das trotz allem zu wenig: Ich habe die Tasche mit Schreibers Wintersachen zu Hause gelassen. Ich rette die Situation, in dem ich ihr kurzerhand meine neuen Skihosen anbiete.

«Mach dich nicht lustig über mich. Die sind mir viel zu weit!», spottet sie bitter und tätschelt mein Bäuchlein. Sie steigt dennoch in die Skihosen und – sie passen perfekt!

Ha! He! Ho!

Meine liebsten Ferien sind: ohne Gepäck nach Italien fahren oder mit dem Rucksack durch Neuseeland wandern. Das findet Schreiber schrecklich. Wir machen deshalb Ferien, wie sie sich das vorstellt.
Und das macht mich jetzt grad ganz schön fertig.
Alma schreit draussen vor der Tür wie am Spiess. Ich schätze, die halbe Feriensiedlung hörts, ausser Schreiber, denn die sitzt bei der Kosmetikerin im Wellness-Center und lässt ihre Füsse hätscheln. Ich mags ihren Füssen gönnen, aber Alma kreischt hysterisch, weil Schreiber sie nicht fürs Kinder-Nachtessen und den anschliessenden Videofilm angemeldet hat. «Papi, du bist schuld», schreit sie in die jurassischen Berge hinaus. Unsere sonst so gelassene Ida brüllt mit ihrer grossen Schwester im Chor. Tolle Tage! Schreiber – befreit von Haushaltspflichten – geniesst in vollen Zügen, fläzt im Dampfbad, macht Atemgymnastik, Body-Forming, Gesichtspflege und Power Yoga. Ich mache die Küche, Feuer im Ofen, Einkauf und Kinderbetreuung, und jeden Morgen ab sechs Uhr spiele ich mit Ida, damit Schreiber und Alma ausschlafen können. Heute ist der zweitletzte Ferientag, und meine Bilanz lautet: Eine knappe Stunde Sauna und eine halbe Stunde Dauerlauf in einer Ferienwoche sind etwas wenig. Ich komme zum Schluss: Erstens: Ich bin ferienreif. Zweitens: Die nächsten Ferien bestimme ich. Und drittens: Zum Glück geht am Montag die Arbeit wieder los.

Ich im Liegestuhl: Die Hornhaut ist abgeraspelt, die Hühneraugen sind weich geknetet, die Haare gezupft, meine Füsse werden massiert, und in mir drin ist nichts. Nur Schweigen. Sendepause.

Keine Zaubermaus, die mit mir Käseladen spielen will, keine Piccolina, die schon wieder Appetit hat. Zurzeit stille ich Ida nämlich im Vierstundentakt. Davon merkt Schneider nichts. Jedenfalls nicht nachts. Er verpennt unser Windelwechseln um Mitternacht und Bäuerchenmachen im Morgengrauen.

Tief einatmen und kraftvoll ausatmen. Zusammen mit fünf Frauen rufe ich laut «Ha! He! Ho!» und schlenkere mit den Armen. Atemübungen für Anfängerinnen. Fitnesstrainerin Anita machts vor. Verkrampfungen lösen, Stress abbauen. Ich fühle mich so gut wie schon lange nicht mehr. Ha! He! Ho! Habe Energie und ärgere mich nicht. Nicht darüber, dass Schneider seiner Tochter nach dem Hallenbad die Haare nicht fönt, dass er Kohlrabi und Chinakohl zum Abendessen serviert (ich stille, Ida pupst), dass er die Ferien im Schlabberlook verbringt und ich im Kaschmirpulli.

Ich gönne mir nach dem Training noch eine Runde im Dampfbad. Es duftet nach Eukalyptus, warmes Wasser rinnt über meine Haut. Herrlich! Ausser meinem Atem höre ich nichts – nur eine Stimme in mir, die laut und deutlich sagt: Das nächste Mal buchen wir zwei Wochen.

Ha! He! Ho!

Doppelte Mogelpackung

«Hör auf, mich zu schimpfen», klagt Alma. Dabei habe ich gar nicht geschimpft, sondern nur gefragt, ob sie wisse, wie das Leiterlispiel gehe.

Alma tut mit ihren knapp fünf Jahren, als hätte sie das Leiterlispielen im Blut, würfelt lässig und bewegt ihre Spielfigur. Schreiber würfelt und stellt ihre Figur auf den Fuss eines Katzenbaums, jubelt, schiebt die Figur dem Baum entlang in die Mitte des Spielbrettes. «Super! Ich bin schon hier oben!», ruft sie erfreut. Ich korrigiere: «Nein, du kannst nur von rot markierten Feldern die Leitern hochsteigen. Erst das nächste Feld ist rot. Also wieder runter», sage ich und: «Nicht bescheissen, Schreiber!» Ein Fehler. Alma, Rächerin aller Mütter und eh schon schlecht gelaunt, weist mich zurecht: «Papa, schimpf nicht die Mama!» – «Ich achte nur darauf, dass nach den Regeln gespielt wird», antworte ich. Alma wird rabiat: «WENN DIE MAMA HIER RAUF WILL, DANN KANN SIE DAS!» Sie greift sich Schreibers Spielfigur und stellt sie ins Ziel. Schreiber: «Jetzt habe ich ja schon gewonnen.» – Alma: «JA! WEIL DER PAPA DICH GESCHIMPFT HAT, DARFST DU GEWINNEN!» Ich wehre mich: «Ich habe die Mama doch nicht geschimpft ...», da fällt mir Schreiber in den Rücken: «Du hast gesagt, ich würde schummeln.»

Habe ich das gesagt? Vielmehr habe ich den Eindruck, dass ich in dieser Frauenrunde rein gar nichts mehr zu sagen habe.

Alma schläft. Sie war nach unserem Spielabend völlig erledigt und hat sich freiwillig ins Bett gekuschelt. Kein Wunder: Schneider blieb stur und weigerte sich, nach den Regeln unserer Tochter zu spielen. «Alma muss das lernen», mosert er, als ich aus ihrem Zimmer zurückkomme, «und du nimmst sie auch noch in Schutz!»

«Und du sagst, ich würde bescheissen. Deine Ausdrucksweise ist unmöglich!» Er schweigt. Ich schnaube. Dann kommt sein Klassiker: Schneider wirft mir vor, ich sei inkonsequent. Falsch: Er ist stur, zu streng und nimmt immer alles persönlich. Am Schluss unserer Erziehungsdiskussion haben wir keine Lösung, aber beide schlechte Laune.

«Statt zu streiten, könnten wir spielen», schlage ich vor. «Was hältst du von einem ‹Mensch, ärgere dich nicht›?» – «Das heisst ‹Eile mit Weile›», brummt er, kramt aber doch das Spiel heraus. Ich würfle als Erste eine Fünf und will losmarschieren, als Schneider laut «Halt, halt!» ruft: «Hier gehts lang», sagt er, «der Ohrfeige nach.»

«Ganz Deutschland spielt im Uhrzeigersinn, aber bitte, wir leben ja in der Schweiz.» Ich ruckle also rechts im Kreis herum.

Nach einigen Spielzügen meldet er sich schon wieder: «Stopp!! Das ist eine Blockade!» Ich atme tief durch: «Dauernd tischst du neue Regeln auf. Wie deine Tochter.»

Mit dem Unterschied, dass ich bei ihr wenigstens gewinnen darf.

Blues zu später Stunde

ER

Ich habe mir einen Kinoabend erspielt. Mann, was für ein schöner Film. Melancholisch, aber auch lustig und so ehrlich. Natürlich habe ich mich in die Hauptdarstellerin verliebt, das passiert mir in jedem zweiten Film. Sie war einfach hinreissend. Dieser sinnliche Mund, die grossen Augen, dieser Körper!
«War das Kino voll?», fragt Schreiber auf einmal.
Ich dachte, sie schläft. «Ja, voll.»
Aber das Beste war, als der schon etwas ältere Hauptdarsteller mit der blutjungen Hauptdarstellerin die ganze Nacht auf den Putz haut. Sie kennen sich kaum und stürzen sich ins Nachtleben von Tokio, gehen in Clubs, trinken zu viel, rauchen zu viel, tanzen und lachen und vergessen die Zeit.
«Du? Findest du nicht auch, dass wir träge geworden sind?», fragt Schreiber.
«Was? Äh, doch, ja.»
Ja, darauf hätte ich Lust. Wieder mal eine ganze Nacht durchfeiern. Alleine. Irgendwo. In einer fremden Stadt. Mich einfach fallen lassen, nur mir gehören und nicht an morgen denken. Früher, da habe ich das auf meinen Reisen schon mal gemacht. Damals erschien mir das als nichts Besonderes. Jetzt schon. Der Hauptdarsteller sagte das richtig: Am Tag der Geburt des ersten Kindes kann man sich vom bisherigen Leben verabschieden – und es wird nie wieder ein Zurück geben.
«Liebster, ich bin frustriert», flüstert Schreiber.
Ich auch, denke ich und seufze.

Ich liege im Bett. Schneider war im Kino. Ich kann nicht schlafen, gerate ins Grübeln: Wir haben ein Zuhause, wir haben liebe Freunde und genug zu essen. Ist doch wunderbar?! Aber manchmal, da macht sich in mir so ein unzufriedenes Gefühl breit: Ich sitze auf dem Spielplatz, bügle Schneiders Hemden, räume fünf Mal am Tag die Wohnung auf, kaufe Spaghetti im Zehnerpack ... Bin ich spiessig? Total angepasst? Stinknormal? Langweilig?

Schneider legt sich neben mich. «Liebster, ich bin frustriert», flüstere ich im Dunkeln. «Mein Leben läuft so rund, so ohne Ecken und Kanten. Manchmal möchte ich alles ändern, wild sein und mutig, und mit dir und unseren Töchtern die Welt verbessern und Wichtigeres machen als Staub saugen und Kuchen backen.»

Schneider seufzt und schweigt.

Das muss er sein, der Hausfrauen-Blues. Er ist ein ekliger Geselle, macht lasch und lustlos. Irgendwie fehlen mir Herausforderungen, Erfolge, Überraschungen. «Du», sage ich leise, «ich muss etwas ändern.»

Schneider seufzt und schweigt.

«Bloss was? Einen Job suchen? Italienisch lernen? Eine Ausbildung machen? Was meinst du? Ich könnte einen Mittagstisch gründen? Fremde Kinder betreuen? Hallo? Du??? Hörst du mir überhaupt zu?»

Schneider seufzt und sagt: «Fang mal mit Schlafen an.» Dann dreht er sich zur anderen Seite.

Bei wichtigen Themen ist Schneider wirklich zum Einschlafen.

Halbe Portion

Ich fühle mich wie ein riesiger Wattebausch: flauschig und weich. Meine Gedanken schweben federleicht an die Zimmerdecke. Ich fliege ihnen hinterher und versuche, sie einzufangen.

Die doppelte Portion an starkem Schmerzmittel tut ihre himmlische Wirkung und wiegt mich in Sicherheit – solange ich mich keinen Zentimeter bewege. Aber es braucht nur die geringste Regung, und mein Rücken wird zu einem Höllenfeuer. Die Schmerzen züngeln nach allen Seiten, und ich frage mich, welcher Teufel mich geritten hat, als ich Schreiber in einem Anflug von tiefster Verliebtheit auf Händen getragen habe.

Ich fange die Erinnerung ein: Wir haben wundervolle Tage erlebt, Ferien in tief verschneiter, zauberhafter Landschaft bei strahlendem Sonnenschein. Dann mein inspirierender Abend im Kino. Und heute Morgen räkelten sich unsere beiden verschlafenen Töchterchen in unserem Bett. Das ist Glück. Da habe ich Schreiber gepackt und aus dem Bett gehoben. Sie kicherte und lachte, Alma klatschte in die Hände, Ida quietschte, und wir feierten einen dieser innigen Glücksmomente, wie sie in einer Familie manchmal vorkommen.

Bloss: Ich bin nicht mehr der Jüngste, und Schreiber passt mittlerweile in meine Hosen. Beides zusammen war für meinen armen Rücken zu viel.

Da Schreiber lieber Schokolade isst, als abzunehmen, sollte ich sie besser nicht mehr auf den Arm nehmen. Oder nur noch mit Worten.

Schneider liegt flach. Bücken? Geht nicht. Sitzen? Geht nicht.

Jammern? Geht.

«Liebste!», ruft er mit zittriger Stimme aus dem Wohnzimmer, «würdest du mir bitte einen Tee bringen? Auuuuaaa.» Er hat sich anscheinend bewegt.

Oder: «Ich kann meine Socken nicht anziehen. Oohhhhh.»

Auch: «Mir ist etwas runtergefallen. Eijeijei.»

Ich überhöre seine Seufzer und erfülle meinem schwer kranken Patienten alle Wünsche. Ich schleppe Bücher an sein Lazarett, damit er was zu lesen hat. Ich massiere ihm die Füsse. Ich erkundige mich bei Bekannten, die auch schon Hexenschuss-Erfahrung gemacht haben, nach Gymnastikübungen. Und ich geniesse es sogar ein bisschen, dass mein Schatz eine halbe Portion und von mir abhängig ist. Das macht ihn sehr sanft. Und mich sehr mächtig …

Meine Behandlung scheint zu wirken. Schneider streichelt meinen Arm und sagt: «Heute tut es schon nicht mehr ganz so weh.» Dann greift er zum Telefon, und ich höre noch, wie er einem Freund die ganze Geschichte erzählt: «… sie ist einfach zu schwer für mich geworden.»

Dass Schneider einfach nicht stark genug für mich ist, sagt er natürlich nicht.

Schoggi als Heilmittel

Wie ein Käfer liege ich da, hilflos auf dem Rücken, die ganze Zeit: nachts im Bett, tagsüber im Wohnzimmer – auf einer Matratze am Boden. Ich arbeite mit dem Laptop auf dem Bauch, so gut es geht. Mein Rücken schmerzt noch immer stark. Ich mache mir so meine Gedanken. Und meine Umwelt offenbar auch. Meine Mutter ruft an und redet mir ins Gewissen. «Du mit deinem bösen Rücken», sagt sie. «Du solltest dir einen guten Bürostuhl leisten. Und Gymnastik machen. Und …» Genug!

Da kommt Schreiber.

«Mit deinem Rücken müssen wir aufpassen», sagt sie und wedelt mit einer Broschüre. «Ich habe mich informiert. Jetzt brauchen wir wirklich ein neues Bett.»

Das musste kommen! Schreiber lässt keine Gelegenheit aus, von einem neuen Bett zu reden: «Vor allem brauchst du eine neue Matratze. Es gibt sehr gute Modelle, speziell für Leute mit Rückenproblemen. Nicht ganz billig, aber wir sollten nicht am falschen Ort sparen.» Sie kommt in Fahrt: «Sandwich-Technik mit Luftzirkulation, Seide, Kamelhaar, Schafschurwolle. Klingt gut, oder?»

Das Telefon klingelt erneut. Nun ist Schreibers Mutter dran. Sie litt vor einigen Jahren an einem Bandscheibenvorfall und beschreibt mir mehrere Übungen, die den Rücken stärken und entspannen. Ich höre 20 Minuten schweigend zu, dann legt sich Alma neben mich und streichelt meinen Arm: «Papa, ich hol uns jetzt Schoggi, dann tuts nicht mehr so weh.»

Endlich mal ein wirklich guter Rat.

Es reicht! Schneider liegt seit fünf Tagen flach. Oder besser gesagt: quer. Im Wohnzimmer auf einer Matratze. Sein Büro haben wir um ihn herum gebaut. Zaubermaus gefällt das sehr. Sie findet Papa mit kaputtem Rücken super, kuschelt sich an ihn und ruft: «Mama kann doch jetzt arbeiten gehen und wir schauen Bücher an.» Was so viel heisst wie: Lass uns endlich allein! Ida ist ebenfalls zufrieden und döst friedlich neben ihnen auf ihrem Fell.

Bloss ich werde langsam ungeduldig.

«Wie lange willst du noch warten, bis du zum Arzt gehst?» Schneider schweigt. Ich lege ihm die Nummer von unserem Hausarzt hin. «Oder willst du, dass ich ihn anrufe und sage, mein Mann traut sich nicht?»

«Schon gut, ich machs ja.»

Ich gehe aus dem Haus in unser Büro um die Ecke. Muss dringend einen Artikel fertig schreiben. Doch ich komme nicht zum Arbeiten, denn Schneider ruft dauernd an.

Er: «Haben wir irgendwo eine Eispackung?»

«Im Tiefkühler.»

Zehn Minuten später klingelt es erneut. «Ich finde die Eispackung nicht.»

Ich lege auf. Wenn es mehr Ärztinnen gäbe, hätte Schneider bestimmt längst seinen Rücken gezeigt, denke ich, als das Telefon schon wieder klingelt. Mein Liebster, mit stolzer Stimme: «Ich habe beim Doktor Fisch angerufen.» Aber hallo!

«Der hat heute frei ...»

Wie die meisten Ärzte am Donnerstagnachmittag.

Ausgespielt

ER

Eigentlich ist es schön, zu Hause eine mitfühlende, verständnisvolle Partnerin zu haben, wenn man durch eine schmerzhafte Lebensphase geht.

Schreiber ist eine solche Partnerin. Sie hat Herz und Mitgefühl. Aber sie offenbart auch eine andere Seite: Schreiber nützt meinen schweren Hexenschuss schamlos aus. So fordert sie in letzter Zeit vermehrt ein neues, breites, gesundes Bett – am liebsten von einem Designer. Und, noch viel einschneidender: Schreiber will, dass ich meine Fussballerkarriere beende. Definitiv.

Dabei habe ich den Rücktritt von meinem Rücktritt erst vor einem halben Jahr gegeben. Zugegeben: Mein Comeback gelang nur halbwegs und endete mit einer gebrochenen Rippe. Als ich wieder rennen konnte, holte ich mir eine Oberschenkelzerrung, die ich Schreiber wohlweislich verschwieg. Und jetzt der Rücken.

Selbst ich muss also langsam an meiner weiteren Tauglichkeit zum Torjäger zweifeln. Trotzdem frage ich meinen Arzt, wann ich denn das Fussballtraining wieder aufnehmen könne.

«Fussball?», fragt dieser und schaut mich ungläubig an.

«Jetzt ist Schluss mit Fussball!», frohlockt sie, als ich ihr die Reaktion des Arztes schildere. «Ich will einen vernünftigen Schneider, nicht einen, der wie ein Depp dem Leder nachrennt!

Wie war das nochmals mit der mitfühlenden, verständnisvollen Partnerin?

Er hat's gemacht. Es geschehen noch Zeichen und Wunder! Schneider ist endlich und fast freiwillig zum Arzt gegangen, nachdem ihm sogar unsere Zaubermaus ins Gewissen geredet hat.

«Der Doktor macht nicht weh, armer Papa», hat sie gesagt. Und Schneider wurde weich.

Die Diagnose: ein blockiertes Wirbelgelenk und ein schiefes Becken. Ist ja klar, dass Schneider nun bei jeder Gelegenheit auf die Unfallursache zu sprechen kommt: mein Gewicht. Ha ha, wie witzig! Wenn einer die paar Kilos nicht stemmen kann, sollte er die Finger davon lassen.

Das Problem liegt ohnehin ganz woanders: Schneider wird älter. Steuert auf einen Runden zu. Verliert Haare und bekommt Hexenschüsse.

Aber davon sage ich ihm nichts, denn schliesslich spielt die moralische Unterstützung bei Heilungsprozessen eine wichtige Rolle. Jetzt ganz besonders, denn der Herr Doktor hat die Röntgenbilder vom Rücken meines Liebsten lange, lange angesehen und dann doch noch das Urteil gesprochen: nie mehr Fussball!

Mein grosser Stürmer vom Seniorenclub Zurzach hat damit seine liebe Mühe. Was nicht erstaunt, schiesslich hat ihn weder die gerissene Achillessehne vor einigen Jahren noch die gebrochene Rippe vom letzten Sommer vom Kicken abhalten können. Aus all seinen Verletzungen hat mein Fussballer rein gar nichts gelernt!

Vielleicht sollte er auf einen angemessenen Sport umsteigen: Schwimmen? Nordic Walking? Briefmarken sammeln?

Platzverweis

Ich mag Feste und Einladungen. Mit alten Bekannten plaudern, fein essen, lachen, geniessen. Ich gehöre aber nicht zu jenen Partynudeln, die bis zum bitteren Ende mitfeiern.

Denn irgendwann habe ich mich genug amüsiert, und dann will ich nach Hause. Ganz einfach, weil ich zufrieden und satt bin. Jetzt zum Beispiel.

Ich sehe Schneider angeregt mit einem Pärchen reden, das ebenfalls in Australien war. Ich pirsche mich vorsichtig an meinen Liebsten heran und flüstere ihm ins Ohr, dass ich so langsam, langsam müde sei. Er gibt mir einen Kuss und sagt: «Ich dich auch.»

Dann erzählt er unseren Bekannten detailliert von unserem Ausflug ins Outback und dass wir ausgerechnet in den Jahrhundertregen gerieten. Die Geschichte habe ich schon hundert Mal gehört, und jedes Mal regnets sintflutartiger.

Ich beginne, mich bei den Leuten zu verabschieden. In Anbetracht der Gästezahl kann das ja ein Weilchen dauern. Schneider indes begutachtet zum x-ten Mal das Buffet und stellt sich einen Käseteller zusammen.

«Ich bin wirklich müde und möchte langsam gehen», sage ich ihm.

Er nickt und setzt sich zu einem Journalistenfreund.

Nach weiteren zwanzig Minuten stehe ich im Mantel am Ausgang. Schneider ist in ein Gespräch vertieft, und ich frage mich, ob man bloss als frisch verliebtes Paar ein Fest gut gelaunt UND gemeinsam verlassen kann?

Das Gespräch mit Urs ist gut. Echt gut. Und wichtig. Es dreht sich um Liebe. Urs macht immer dann Schluss, wenn ihn seine jeweilige Freundin heiraten will. Nun hat er sich neu verliebt, und diesmal sei das Gefühl ein anderes.

«Ist es diesmal die Richtige? Wie merke ich das?», fragt er. Er erachtet mich als kompetent, da ich schliesslich die Beste für mich gefunden habe.

«Das spürst du früh», sage ich. «Von Beginn an geht das tief, tiefer als alles andere. Plötzlich kommt diese Vision auf vom gemeinsamen Altwerden oder Kinderkriegen. Dann sagt dir dein Herz: Die ist es.» Ich bin ganz gerührt von meiner Rede und finde es schön, mit einem Mann ein so unangestrengtes und offenes Gespräch über die Liebe zu führen. In fünf Minuten wird so viel Wertvolles gesagt, wie es in fünf Stunden Diskussion über Beruf, Politik und Sport nie möglich ist.

Doch wir sind nicht allein. Aus dem Augenwinkel sehe ich Schreiber im Mantel vor dem Ausgang stehen. Sie kocht. Und kommt auf uns zu. Sie legt ihre Hand auf Urs' Schulter.

«Komm doch mal zum Essen zu uns. Dann könnt ihr zwei so lange über Fussball reden, wie ihr möchtet.»

Glauben Frauen eigentlich wirklich, dass wir Männer uns nur über Fussball unterhalten können? Nein. Und daher gibts für die Schreiber'sche Intervention nur eine Strafe: Platzverweis!

Na?!

Draussen ist es dunkel, und unsere zwei Mäuse schlafen endlich. Schreiber ist müde, liegt im Bett und liest. Auch ich bin müde, aber da ist noch was …

«Liebste?»

«Hm?»

«Na?»

Sie legt die «Gala» weg und schaut mich an: «Was, ‹na›?»

Na, was wohl, denke ich und sage: «Statt lesen könntest du mich jetzt verführen.»

«Wieso ich?», fragt Schreiber.

«Wieso nicht? Du könntest das doch auch mal machen», antworte ich.

«Was soll denn das heissen?»

«Was ich gesagt habe: Verführ mich!»

«Geht's bitte noch etwas unromantischer?»

«Ich finde es auch unromantisch, dass immer wir Männer verführen müssen.»

«Immer müssen die Männer? So ein Quatsch!»

«In Ordnung: Immer muss ich dich verführen.»

Schreiber schnauft und sagt: «Erstens stimmt das nicht. Zweitens bin ich müde. Und diese seltsame Diskussion macht mich nicht munterer.»

Das merke ich. Meine Strategie ist auch zu dumm gewesen, geradezu ein verbales Verhütungsmittel. Ich sollte mich entschuldigen.

«Schreiber?»

«Nicht schon wieder!»

«Nicht schon wieder?», wiederhole ich und muss nun doch noch klarstellen: «Darf ich dich daran erinnern, dass bisher noch gar nichts war?»

Schneider liegt wie eine lauwarme Kartoffel im Bett und erwartet, dass ich ihn heiss mache. Sonst noch Wünsche?

«Hör mal», sage ich: «Bevor DU irgendwelche Ansprüche stellst, fangen wir mal bei mir an. Ich brauche dringend eine Rückenmassage. Ich bin derart verspannt. Koch du mal einhändig und trag auf dem anderen Arm die Kleine ….»

Schneider gibt nicht auf: «Ich weiss, ich weiss, aber so ein bisschen Ablenkung wäre doch nicht schlecht. Dann kommst du auf ganz andere Ideen, vergisst die Verspannungen, und, na ja, du bewegst dich, was gesund ist.»

«Ich will keine Bewegung, ich will eine Massage.»

Schneider schweigt lange. Dann sagt er: «Da mag ich ausnahmsweise mal nicht der Aktive sein, und prompt drehst du wieder alles um.»

«Ausnahmsweise?! Mein grosser Verführer!» Dass ich nicht lache!

Schneider ächzt. Wie mich das nervt, dieses Ich-ungeliebter-Mann-Gestöhne! Wenn wir so weitermachen, bekommen wir Krach. Dabei hatte ich mich auf einen gemütlichen Abend im Bett gefreut. «Schläfst du?», frage ich versöhnlich. «Nein!», sagt Schneider und mosert: «Hättest du dich jetzt nicht die längste Zeit geziert, würden wir schon längst völlig zufrieden schlafen.»

Schreibers süsse Orgie

SIE

Ich habe eben mit meinem Bruder in München telefoniert, und siehe da: Er und seine Frau samt meiner Nichte Elena besuchen uns an Ostern.

«Sie kommen!», rufe ich Schneider zu. Alma hüpft begeistert durch die Wohnung und montiert schon mal ihre Feenflügel, von denen wir zum Glück zwei Paar haben, denn Elena und Alma spielen am liebsten rosa Zauberfeen. «Habt ihr auch über Schokolade geredet?», will Schneider wissen. «Äh, über Schokolade? Nur indirekt.» Hat er mich belauscht?

Schneider schnappt sich sein Handy: «Hallo Mary, ich bins, dein Lieblingsschwager aus Zürich. Wegen Ostern: Gell, du kümmerst dich drum, dass Peter nicht wieder kiloweise Schokoladehasen und -eier mitbringt wie letztes Jahr. Wegen den Kindern, ist ja ungesund und die bekommen nur Bauchweh davon.» Kurze Pause. «Ich wusste, dass du meiner Meinung bist, aber bei den Schreibers weiss man ja nie ...»

Frechheit! Wer sagt denn, dass die Ostersachen für die Kinder sind: ICH liebe Schokoladehasen, Fondant-, Marzipan- und Nougat-Eier! Aber auf meinen Bruder ist Verlass, das weiss ich. Ich schicke ihm zur Sicherheit ein SMS: «Verstecke die Schleckereien vorm Haus bei den Fahrrädern, damit sie Schneider nicht sieht, der bekommt sonst eine Krise.» Mein Handy piepst. «Mach ich. Reichen dir zwei Kilo?»

Mein kleiner Bruder ist einfach grosse Klasse!

Sie kommen!

Das bedeutet: Am Morgen vom Ostersonntag verstecken Schreiber und ihr kleiner Bruder wie immer einige Tonnen Schokolade rund um unseren Sitzplatz.

Angeblich tun sies für die Kinder. Unsere Alma und ihre gleichaltrige Cousine Elena stapfen dann von den Blumentöpfen über die Buchenhecke zu den Fenstersimsen und finden endlos Schleckereien in allen Farben.

«Hier!», ruft Alma. «Hier!», ruft Elena. «Hierher damit!», ruft Schreiber, und mit strahlenden Gesichtern kehren die Mädchen auf den Sitzplatz zurück, laden das Süsszeug ab und suchen weiter. Schreiber und ihr kleiner Bruder, der einen Kopf grösser ist als ich, stopfen sich dann schnell die Hälfte der klebrigen Fundstücke in den Mund. Was übrig bleibt, verstecken sie hinter dem Rücken der zwei kleinen Mädchen gleich noch einmal im Gebüsch.

«Raffiniert, nicht wahr?», nuschelt Schreiber dann jeweils mit vollem Mund. Und ich ärgere mich. Aber dieses Jahr sorge ich vor: «Für jedes Kind nur ein einziges Häschen, mehr nicht!», sage ich zu Schreiber. Sie antwortet: «Einverstanden, Liebster.» Oha! Das kam zu schnell. Da ist was faul! Ich drohe: «Falls du dein Wort brichst, werde ich die Schokolade vor deinen Augen zertrümmern und einschmelzen!» Schreiber zuckt unmerklich zusammen. Aha! Nächsten Sonntag werden wir ein zuckersüsses Problem haben.

Schneider: auch ein Schreiber

Ach Ostern! War das ein schönes Wochenende. Ich schlich bei jeder Gelegenheit heimlich in den Keller, klaubte hinter leeren Marmeladegläsern mein ganz persönliches Osternest heraus und naschte in aller Ruhe meine Süssigkeiten. Was für ein Genuss! Derweil oben mein Bruder samt Familie mit Schneider Reisepläne schmiedete. Wobei Schneider nicht wirklich zum Schmieden kam, denn er hat sich wieder mal bemüht, Hochdeutsch zu reden. Und das dauert ja bekanntlich …

Schneider erzählte also ganz bedächtig von seinen Reisen nach Südafrika, Australien und – Deutschland! Auch so typisch: Kaum sind Deutsche in der Nähe, schwärmt mein Liebster von Hockenheim, Dresden, Schweinebraten. «Lass mal gut sein, das interessiert nun wirklich niemanden», versuchte ich ihm mit strengem Blick zu mitzuteilen. Erfolglos. Er war in Fahrt – also im Schneckentempo. Und ich hatte schon wieder eine Gelegenheit, in den Keller zu schleichen.

Denn dieses Jahr habe ich mir wirklich Mühe gegeben, mein Oster-Schokoversteck geheim zu halten. Wegen den Kindern – und wegen Schneider. Hat aber nicht geklappt: Dummerweise kam mein Liebster grad die Treppe runter, als ich noch eins der letzten Fondant-Eier im Mund hatte. Er triumphierte: «Also doch!» Oh!

Schneiders Hochdeutsch wird mir allmählich zu schnell.

Als ich zum ersten Mal Schreibers Familie in München besuchte, fielen mir drei Dinge auf: Erstens sind alle sehr gross. Einzig Neffe Jakob, damals fünf Jahre alt, überragte mich nicht. Zweitens: Schreibers ernähren sich vor allem von Süssem. Und drittens: Ich konnte kaum einen Satz zu Ende sagen, da niemand am Tisch so lange warten mochte (oder schon wieder Waffeln mit Rahm und Johannisbeerkonfitüre serviert wurden). Ich gestand es mir ein: Deutsche haben einfach ein höheres Tempo drauf!

In all den Jahren habe ich aber gelernt, auf den richtigen Augenblick zu warten, mich kürzer zu fassen und schneller zu reden. Mit Erfolg. Ich bin mittlerweile auch für Deutsche ein ernst zu nehmender Gesprächspartner! Mit meinem Schwager unterhalte ich mich sogar sehr intensiv. Und nicht nur das: Es macht mir mittlerweile Spass, Deutsche anzusprechen, sie nach ihrer Herkunft zu fragen und ein wenig Konversation zu treiben. Selbst mit Schreiber spreche ich heute ausdauernd Hochdeutsch. Was deutlich besser klingt, als wenn sie Schweizerdeutsch redet.

Ich kann also mit unserem deutschen Familienteil locker mithalten. Mein Fazit: Schneider ist auch ein Schreiber! Zumindest, was das Reden angeht. Was Süssigkeiten betrifft, bin ich noch nicht so weit: Die machen mich nicht gross wie Schreibers, sondern weiterhin nur dick.

Der Windsor-Knoten

Schneider tigert durch die Wohnung.

«Hast du die Munition gesehen?», will er wissen.

«Und wo ist mein Schlafsack?»

Mein Liebster ist zurzeit etwas nervös: Er wird aus der Armee entlassen und muss seinen Krempel abgeben.

Am Abend schleppt er Kisten aus dem Estrich, zerrt sein Gewehr aus unserem Wäscheschrank und findet dort auch noch original Schweizer-Armee-Schuhwichse. Kurz vor Mitternacht hat er alles beisammen.

Unser Arbeitszimmer sieht aus wie ein Schlachtfeld und Schneider wie ein strammer Soldat. Mit Betonung auf stramm: Er hat sich in seine alte Uniform gezwängt, der oberste Hosenknopf geht nicht zu, das Hemd spannt und Schneider japst nach Luft.

«Die hatte ich während der RS an», erklärt er. Also vor etwa 20 Jahren. Um seinen Hals hängt lose eine Krawatte.

«Keine Ahnung, wie so was geht», wehre ich ab.

Schneider schluckt.

«Ich muss aber morgen mit Krawatte antreten.»

Schweissperlen glänzen auf seiner Stirn. Der Ärmste. Ich zucke mit den Schultern. Krawatten und Militär sind Männersache. Dann gehe ich schlafen. Muss ja bald wieder auf, um Ida zu stillen.

Am nächsten Morgen sieht Schneider müde aus.

«Hat mich zwei Stunden gekostet», mosert er.

Na und? Dafür wird Minenwerfer-Kanonier Schneider seinen Dienst am Vaterland korrekt mit Krawattenknoten beenden.

Zum Glück habe ich im Bücherregal einen alten Schinken gefunden: «Der Gentleman». Darin wird der «Windsor-Knoten» beschrieben, den der Duke of Windsor sein Leben lang getragen haben soll. Ich meinerseits begnügte mich fast zwanzig Jahre mit dem RS-Knoten.

Gott, waren wir damals grün hinter den Ohren – nicht nur, was Krawattenknoten anbelangt. Nach drei Tagen Rekrutenschule habe ich meine Mutter angerufen und gesagt, dass ich jetzt gleich sofort desertieren und nach Hause kommen würde.

Ich lese: *Führen Sie das breitere Ende von links nach rechts unter dem schmalen Ende herum.*

Ich blicke in den Spiegel. Ich bin dann doch nicht nach Hause und musste deshalb miterleben, wie Feldweibel Jenni seine Wurstfinger über meine dick mit Schuhfett bestrichenen Militärstiefel strich und dann ebendiese schwarzen Schuhfettfinger an meiner Jacke abwischte. Wie sehnte ich damals den Tag herbei, an dem ich ausgemustert werden würde.

Morgen ist er da.

Ergreifen Sie das breitere Ende und schlagen Sie es nach links um den halben Knoten herum.

Es gibt auch einige schöne Erinnerungen. Jede Nachtwache mit Kanonier Isliker aus Würenlingen etwa, der mir als Astrophysiker die Sternenwelt erklärte.

Das breitere Ende der Krawatte sollte jetzt länger als das schmale Ende sein. Wenn nicht, binden Sie einen neuen Knoten.

Aha. Also nochmals von vorn.

Eine Hymne auf Kanonier Schneider

Wir sind viel zu spät dran. Schneider rasiert sich, was jeweils dauert. Zaubermaus möchte mit Rasierschaum spielen und quengelt. Schneider ruft: «Jetzt kümmere dich doch mal um die Kleine, ich habs eilig.»

Und wie eilig! Schneider kanns kaum erwarten, Zivilist zu werden.

Zur Feier des Tages fahren wir mit nach Dübendorf zum Militärflugplatz. Dort soll Abschied genommen werden von Kanonier Schneider, der sich mittlerweile verfahren hat.

«Wir kommen viel zu spät», schimpft er. «Der Flughafen ist einfach nicht zu finden.»

«Echt gut getarnt, damit ihn der Feind nicht entdeckt», sage ich zur Aufheiterung. Schneider schweigt.

Ich sage «rechts!»; er fährt links. Ich will eine Frau auf dem Trottoir nach dem Weg fragen, er nicht. Aus dem Nichts taucht schliesslich das Flugfeld auf. Ein Soldat weist uns grimmig durch das Tor.

«Ausnahmsweise. Die Feier hat schon angefangen», brummt er.

Mein Liebster in Grün schultert seinen Rucksack, gibt mir einen Kuss und läuft wie Tom Cruise im Film «Top Gun» Richtung Hangar. Echt sexy, mein Schneider. Zaubermaus weint. «Papaaaa!» Sie will mit.

«Militär ist nur für Männer», erkläre ich ihr.

«Wieso?», will sie wissen. Warum? Herrje, warum?

«Weil das ein grosser Spielplatz für Männer ist.»

«Spielplatz?» Unsere Tochter strahlt und ruft: «Ich will auch ins Militär!»

Und ich wollte sie zur Pazifistin erziehen.

Das Musikkorps der Kapo Zürich bläst zum Abschied: «Taatataa taa tatataaa, trittst im Morgenrot daher», und ich bin gerührt, denn Hymnen werden sonst nur für andere gespielt, nie für mich. Ausser im Militär. Zum letzten Mal stehe ich stramm und stelle mir vor, ich stünde hocherhaben im Stade de Suisse, zwischen Alex Frei und Hakan Yakin, dem Herrlichen. Ich als Nationalspieler!

Statt Tore für dieses Land habe ich allerdings nur eine Menge Munition irgendwohin verschossen. Ich frage mich: «Weshalb habe ich es zu nichts gebracht im Sport?»

Doch während der Alpenfirn sich rötet und ich mit anderen in Reih und Glied stehe, konzentriere ich mich wieder auf die Gegenwart. Immerhin habe ich für Schreiber ein Geschenk von der Ausmusterung ergattert: zwei Paar warme Fausthandschuhe und eine Pelzmütze dazu. Da wird sie sich freuen, die alte, immer frierende Pazifistin!

Zurückgegeben habe ich dafür mein Gewehr. Der Typ neben mir meinte zwar, das sei schön blöd, denn man könne ein Sturmgewehr für mindestens 1000 Stutz verkaufen. Doch ich stürme lieber ohne Gewehr.

Und da fällt mir ein weiterer Vorteil ein, hätte ich es bis zum Nationalspieler gebracht: Als Spitzensportler wäre es nämlich ganz einfach gewesen, vom Militärdienst befreit zu werden. Und dennoch mit einem gezielten Schuss – an der nächsten WM etwa – zum Nationalhelden zu werden.

Zaubermaus ist verliebt

Alma ist verliebt. Ihr letztes Wort am Abend und erstes Wort am Morgen heisst: «Papa!» Sobald sie wach ist, tigert sie suchend durch die Wohnung und fragt schliesslich traurig: «Wo ist mein Papa?»

Sie ruft ihn noch vor dem Frühstück im Büro an und sagt, dass er doch bitte bald, bald nach Hause kommen solle.

Wenn wir mittags ohne Schneider essen, dann muss ich unbedingt einen Rest für ihn auf die Seite legen. «Papa hat auch Hunger», sagt sie und wehe, ich nehme mir den letzten Löffel Kartoffelbrei. Wehe!

Mehrmals am Tag erkundigt sie sich, wann es endlich Abend sei. Denn dann wird ihr Schatz kommen! Ab dem Zvieri fragt sie mich im Minutentakt … – ja, nach wem wohl?

Endlich! Er ist da: Unsere Zaubermaus stürzt sich auf ihn und lässt ihn nicht mehr los. Immerhin schenkt mir Schneider ein kurzes Lächeln zur Begrüssung.

Die Kleine schmachtet ihn an, krault ihm seinen Nacken und sagt: «Du hast schöne Augen.»

Da hat sie Recht.

«Du hast eine schöne Nase.»

Nun ja.

«Du hast schöne Haare.»

Höre ich richtig? Schneider freut sich natürlich über diese Falschmeldung. Und mir wird klar, dass unsere Tochter nicht nur verliebt, sondern total verblendet ist.

Genug! Ich bin erschöpft. Ich verlasse frühmorgens das Haus, während meine drei Frauen friedlich schlafen. Ich hetze von Termin zu Termin, versinke in Arbeit. Erst der Hexenschuss, dann Ostern – höchste Zeit, meine hängigen Arbeiten zu Ende zu führen.

Aber jetzt ist erst mal Feierabend.

Und das tut gut, denn ich sitze auf der Toilette, lese mein Leibblatt «Motor Sport aktuell» und geniesse die Ruhe.

Es pocht an der Türe. Alma kommt herein. Bepackt mit diversen Taschen. «Ich muss ins Büro», sagt sie, «tschüüss.» Und knallt die Türe zu. Zwanzig Sekunden später geht die Türe wieder auf. Die Kleine legt los: «Weisst du, ich muss mit dem E-Mail telefonieren. Und dann kann ich dem Internet sagen, dass wir auf die Post müssen. Was machst du? Komm, Papa, wir müssen spielen!»

Sie geht raus, ich lese weiter, da poltert sie schon wieder rein – wie ärgerlich, dass wir den Schlüssel versteckt haben. Schreiber ist da übervorsichtig, hat Angst, die Kleine könnte sich im Klo einsperren.

Doch daran denkt meine Tochter nicht. Sie nimmt mir das «Motor Sport aktuell» aus der Hand: «Ich will auf deinen Arm.» Dann klettert sie an mir hoch. «Alma hat Papa so lieb», sagt sie, schlingt ihre Arme um meinen Hals, drückt ihr Köpflein an meine Wange und sagt: «Ich will mit dir noch ganz lange Büro spielen, gell?»

Ich fasse es nicht! Am besten fahre ich sofort wieder ins Büro, um endlich Ruhe zu haben.

Bye bye Bombay!

Wie nett. Ich habe seit Jahren wieder mal einen Anruf von meinem Vetter bekommen, der ein hohes Tier bei einer deutschen Bank ist. Ich lege auf. «Er hat sogar gemeint, wir sollten ihn besuchen», sage ich zu Schneider, der auf dem Sofa sitzt und wieder mal im Atlas blättert.

Er antwortet lustlos: «Ah, ja? Schade, dass er in Berlin lebt. Ich mag keine grossen Städte.» In Wahrheit hat Schneider kein Problem mit Berlin. Er hat ein Problem damit, dass mein Vetter in anderen Kreisen verkehrt. Mondän, chic, kultiviert. Fremdwörter für Schneider. Ich fahre fort: «Er ist sowieso weggezogen. Du weisst ja, er ist mit einer Inderin verheiratet. Und Bombay liegt nun wirklich nicht um die Ecke.»

«BOMBAY??? ER LEBT JETZT IN BOMBAY? SAG DAS DOCH GLEICH!! ER HAT SICHER EIN RIESENHAUS!! WANN FLIEGEN WIR? LIEGT GOA IN DER NÄHE?»

Hätte ich bloss den Mund gehalten! Jetzt wird Schneider wieder Reisepläne schmieden, von Hippies und Picknick am Meer träumen.

Ich will aber nicht weg. Es ist Frühling, alles blüht, es duftet nach warmer Erde und frischem Gras. Ich versuche Schneiders Fernweh mit einem einfachen Mittel zu lindern: «Komm, wir feiern unsere eigene Goa-Party mit Curry, Bauchtanz und Blumenkindern.»

Beim Stichwort Party rennt unsere Zaubermaus zur CD-Anlage und dreht volle Pulle auf: Kinderlieder von Nella Martinetti.

Schreiber hat einen Cousin in Bombay. Und ich bin scharf wie ein Curry darauf, hinzufahren, seit ich das gestern erfahren habe.

«Warum?», fragt Schreiber.

Warum? Ich bin neugierig! Offen! Interessiert! «Indien ist phantastisch! Maharadschas! Der Tiger von Eschnapur! Taj Mahal! Hippies in Goa! Ayuverda!»

«Ayurveda», korrigiert Schreiber.

«Sag ich ja. Kalkutta, Ganges, Ghandi, heilige Kühe und Kamasutra – ist das nicht Musik in deinen Ohren?»

Sie blickt mir in die Augen. «Hör mal: Ich fahre doch nicht mit zwei kleinen Kindern nach Indien! All die Impfungen, die Gefahren, die lange Reise …»

Meine Hände spielen mit einer Schachtel voller Räucherstäbchen, die ich heute für Schreiber gekauft habe. Vermutlich ist es besser, jetzt keines anzustecken, denke ich. Vermutlich ist es auch keine gute Idee, nachher den indischen Film «Monsoon Wedding» auf unserem Computer abzuspielen. Den habe ich ausgeliehen, um Schreiber ein wenig in Reisestimmung zu bringen.

«Wusstest du, dass man Räucherstäbchen zum Reinigen der Atmosphäre verwendet? Nein? Warum sagst du nichts? Hast du eigentlich noch andere Cousins, von denen ich bis jetzt nichts weiss? Halloooo … warum redest du nicht mit mir? In Ordnung, nimm die Räucherstäbchen ruhig. Aber lass sie doch in der Schachtel. Nein, du musst sie doch nicht alle …! Nein! Nicht alle auf einmal anzünden, NEIN, NICHT …»

Keine grosse Sache

Es ist so weit: Unsere beiden Töchter werden neu in einem Zimmer schlafen. Dafür müssen wir unsere Wohnung umräumen. Wir ziehen ins kleine Zimmer nach Norden, die beiden Mädchen ins grosse nach Süden. Alma ist schon ganz aufgeregt, und auch ich freu mich aufs Zügeln.

Wobei ich natürlich lieber richtig umziehen würde, in ein Haus mit grossem Garten und Platz. Wo ich mir eine Werkstatt einrichte, unsere Töchter Tiere haben und meine Liebste einen Kräutergarten anlegen kann. Aber bis ich Schreiber so weit kriege, ihr geliebtes Zürich zu verlassen, werde ich bloss Schränke hin und her schieben.

Oder auch nicht. Denn das Teil ist ganz schön schwer. Ich stemme mich mit all meinen Kilos gegen den Schrank. Kein Wank!

Meine Liebste sitzt derweil in der Küche, kümmert sich um Ida und blättert in Möbelkatalogen auf der Suche nach einem neuen Bett. «Reichen ein Meter achtzig?», ruft sie.

Hätten wir ein eigenes Haus und ich meine Werkstatt, dann würde ich ihr ein Bett bauen. Massgeschneidert! Eines aus Olivenholz, schliesslich hat Schreibers Mutter viel davon auf ihrem Grundstück in Umbrien. Stattdessen ziehe ich meine Socken zwecks mehr Bodenhaftung aus und hole tief Luft: eins-zwei-drei! Es knackt und knarzt, die Kleiderstange springt aus der Halterung.

«Braucht ihr wirklich keine Hilfe?», tönts aus der Küche. Alma ruft zurück: «Nein, danke, Mama, der Papa schafft das schon!»

Wenigstens jemand in diesem Haushalt, der an mich glaubt!

Schneider ist voller Tatendrang. Wie meistens am Sonntag. «Ich werde heute unser Schlafzimmer räumen. Ist ja keine grosse Sache!», sagt er und legt los.

Ein Bett aus Kirschholz – nicht schlecht! Oder dieses hier mit breiter Rückenlehne, superschön! Denn Schneiders altes Teil ist wahrlich keine Augenweide. Ich gönne mir ein Nutella-Brot und höre meinen Liebsten ächzen. Dann fluchen.

Mittlerweile ist unsere Wohnung komplett verstellt. Idas Stubenwagen liegt unter Kleidern begraben. Alma lacht, weil niemand mehr aufs Klo kann. Schneiders Bett, das alte, blockiert die Türe; den Schrank können wir auch zu zweit nicht verschieben, also bleibt er, wo er ist. Dummerweise ist bei der missglückten Aktion eine Halterung verloren gegangen. Wir können also keine Kleiderstange mehr montieren. Was Zaubermaus toll findet, denn sie spielt nun fliegende Händlerin mit Schneiders Hemden und verteilt sie flächig in der ganzen Wohnung. Wenigstens ist Ida in diesem Chaos nicht verloren gegangen. Sie nagt an einem Kleiderbügel und beobachtet uns interessiert.

Am Abend haben wir es tatsächlich geschafft. Wir schlafen zum ersten Mal im kleinen Zimmer ein. Die Halterung für die Kleiderstange haben wir nicht mehr gefunden, Ida schläft im Reisebett, denn ihre Wiege dient als Kleiderfundus, und ich weiss nun, was es heisst, wenn Schneider sagt: «Ist doch keine grosse Sache.» Uff!

Überraschung im Schlafzimmer

SIE

Der Zimmerwechsel wirkt Wunder: Ida wacht nachts nur noch einmal auf und Alma schläft ganz alleine ein. Wir fühlen uns in unserem Mini-Schlafgemach wie in einer kuscheligen Höhle.

Alles gut, also? Nein. Denn Schneiders Uralt-Bett sieht jetzt noch hässlicher aus als vorher. Seit einem Jahr trödelt mein Liebster herum. Vertröstet mich mit Bleistiftskizzen von einem selbstgebauten Holzbett und sammelt Adressen von Schreinern. Bloss handeln tut er nicht, die Schlafmütze!

Ich nutze einen freien Morgen und schlendere durch Möbelgeschäfte. Und siehe da, in einem schicken Designerladen steht ein einziges Bett, das zwar überhaupt nicht so aussieht wie Schneiders schlichte Entwürfe aus Holz, aber geschmackvoll und gemütlich. Ich lege mich drauf, wippe, drehe mich um, herrlich! Die Verkäuferin raunt mir einen Spezialpreis zu. Sehr spezial, muss ich sagen, denn vierzig Prozent Rabatt machen das italienische Designerbett zum Schnäppchen.

Ich zögere. Darf ich ein so wesentliches Möbelstück alleine kaufen? So viel Geld ausgeben ohne Rücksprache? Ich gebe mir einen Schubs. Schliesslich habe ich ein eigenes Konto. Ich zücke die Karte und zahle.

Ein Bett ist eine Investition in die Zukunft, ist die Wiege unserer Liebe, ist der Ort, an dem wir rund ein Drittel unseres Lebens verbringen. Nein, wir haben schon viel zu viel Zeit in Schneiders altem Bett verschlafen.

Wetten, dass sich mein Liebster die Augen reiben wird!

Ich schliesse die Wohnungstür und tripple auf Zehenspitzen Richtung Schlafzimmer. Schreiber soll nicht aufwachen, bloss weil ich spät vom Ausgang zurückkehre. Ich denke an den Männerabend. Lustig wars – und so überraschend! Am späten Nachmittag hatte Toni angerufen und gefragt, ob wir ganz spontan essen gehen würden. Ganz spontan liegt mit Familie meistens nicht drin, und so rief ich Schreiber an. Sie meinte: «Geh nur, das tut dir gut!» Ich staunte und ging.

Jetzt stehe ich vor dem Zimmer und stutze. Etwas ist anders. Aber was?

Das Licht geht an! Schreiber setzt sich auf, trällert eine Fanfare und strahlt! Ich sehe ein Bett! EIN RIESENBETT!

Schreiber sprudelt: dass am Morgen die Leute vom Brockenhaus mein altes Bett abtransportiert hätten. Dass das neue aber einfach nicht gekommen sei. Dass sie also den Verkäufer angerufen und gesagt habe, er müsse subito liefern, sonst hätten wir kein Bett, ausserdem sei das neue Möbelstück eine Überraschung! Dass er versprach, am Abend zu liefern. Und dass deshalb, so meine Liebste weiter, sie meine Freunde anstiften musste, mich in den Ausgang zu lotsen.

Ich setze mich. Ich wollte doch selber ein Bett bauen. Und mein altes war noch gut genug. Warum hat Schreiber keine Geduld?

Und meine Freunde? Legten mich rein! Ich seufze und lasse mich auf die Matratze fallen.

Ganz schön hart.

Wiedervereinigung im Brockenhaus

Ich mag das Brockenhaus in unserem Quartier. Ich finde es ein äusserst interessantes Kaufhaus, weil es schräge und völlig aus der Mode gekommene Artikel im Angebot hat. Ich kaufe aber nur selten etwas, es reicht, dass Schreiber dauernd alten Kram nach Hause schleppt. So besorge ich höchstens mal ein Büchlein für Alma oder einen kleinen Bilderrahmen für mich. Doch diesmal suche ich nach etwas anderem.

«Wo ist die Bettenabteilung?», frage ich. Die Frau von der Kasse führt mich durch mehrere Räume und sagt: «Dort hinten. Brauchen Sie ein Metermass?» Ich schüttle den Kopf und schaue mich um. Auf den Gestellen lagern Zinnkrüge, Plastikwannen, Strohkörbe. Auf der andern Seite stapelt sich Werkzeug: Schraubzwingen, Handbohrer, Fuchsschwänze. Alles, was es braucht, um ein Bett zu bauen. «Nein, danke, ein Metermass ist nicht nötig», sage ich und schreite zu den Bettgestellen. Ich entdecke meines sofort und schaue auf den Preis: 100 Franken! Spitze! Die anderen sind schauerliche Teile. Das Teuerste kommt gerade mal auf 45 Franken.

Ich bin stolz. Habs immer gewusst, dass es ein gutes Bett ist! Einen kurzen Augenblick denke ich daran, es zurückzukaufen. Ich vermisse es ein wenig. Schreiber wäre natürlich aus dem Häuschen … Dann zücke ich unsere Fotokamera, die ich extra mitgenommen habe, und mache ein Erinnerungsbild von uns beiden: von mir und meinem Bett.

Ich schlafe herrlich in unserem neuen Bett! Die Matratzen mit flexiblen Stützgelenken und einer hochelastischen Schulterkomfortzone sind wie gemacht für Menschen mit Rückenproblemen. Also perfekt für Schneider und mich. Kein Vergleich zu dem Teil von früher: Schneiders alte Matratze hing wie eine labbrige Brotscheibe über dem bocksteifen Lattenrost.

So weit, so gut, bloss macht mein Liebster Probleme: legt sich hin, ächzt. Dreht sich nach links, ächzt und seufzt. Dreht sich nach rechts, ächzt, seufzt und stöhnt. Dann stemmt er sich hoch und schimpft: «Mir surren die Beine und mein Kopf glüht. In diesem Bett kann ich unmöglich schlafen. Ich gehe ins Arbeitszimmer.»

Nun räkle ich mich also seit Tagen alleine auf unserem 1,80 Meter breiten Luxusgemach, während er sich auf eine Schaumgummimatte zwischen Bücherregalen und Computertisch bettet.

Ich frage mich, ob Schneider simuliert, um mir ein schlechtes Gewissen zu machen. Vielleicht hat er eine starke emotionale Bindung zu seinem Eisenbett von anno 1989, von der ich nichts weiss?

Ich bin etwas beunruhigt: Ist mein Liebster derart treu, dass er seinem Bett einfach keinen Laufpass geben kann? Oder sucht er bloss einen Vorwand, um alleine zu schlafen?

SIE

Welches Tier essen wir?

Alma drückt ihre Nase an der Vitrine der Fleischauslage platt und fragt: «Was ist das?» Sie zeigt auf gerupfte Güggeli.

«Kikeriki», sage ich.

«Und das?» Das Kaninchen hat die Vorderläufe eng zusammengepresst und schaut uns an. Alma schluckt.

«Tut es dem Häsli immer noch weh?» Oje.

Ich erinnere mich, wie mein Vater einmal im Monat Kaninchen schlachtete. Wir Buben halfen ihm dabei und brachten ihm die Tiere aus den Ställen. Schön war das nicht, wenn er ihnen mit einem Eisenrohr krachend das Genick brach. Dann zog er ihnen das Fell über die Ohren, räumte die Bauchhöhle aus, liess uns am Magen riechen, gab uns die Augen in die Hand. Am Abend ass ich die frischen Leberli aus der Pfanne mit Genuss.

Meine buddhistische Schwiegermutter wäre entsetzt, wenn sie davon wüsste. Ich werde es ihr nie erzählen. Auch nicht, dass eine meiner wenigen Erinnerungen an meine italienische Grossmutter die ist, wie sie mit einem schweren Messer ein Huhn köpfte. Das arme Tier entwand sich dem Griff meiner Nonna und rannte kopflos über den Hof an einigen konsterniert blickenden Truthähnen vorbei, bevor es zusammenbrach.

«Was hätten Sie denn gern?», fragt die Verkäuferin. Ich ändere blitzschnell mein Vorhaben.

«Naja, vielleicht ein wenig vom russischen Salat dort. Falls dort keine Wurst drin ist.»

Der Braten duftet köstlich. Schmort seit anderthalb Stunden im Ofen, zusammen mit Zwiebeln, Rosmarin und Bouillon. Schneider wetzt das Messer. Ich stelle die vorgewärmten Teller auf den Tisch und zünde eine Kerze an. Wie schön, ein richtiges Sonntags-Festessen!

Wir sitzen. Alma strahlt. Ida juchzt. Wir singen: «Piep, piep, piep. Guten Appetit.»

Dann zerlegt mein Liebster den Schmaus in dünne Scheiben. Sieht gut aus. Wir kaufen das Fleisch im Prättigau bei einer Bauernfamilie direkt auf dem Hof. So sind wir sicher, dass das Tier lange bei seiner Mutter bleiben konnte und fröhlich auf der Weide graste. Ich verteile Kartoffelstock, Sauce, Karotten und butterzarten, rosaroten Rindsbraten. Zaubermaus stutzt:

«Ist das Fleisch?»

«Ja.»

«Von welchem Tier?»

«Von einem Rind aus den Bergen.»

«Ist das Rindli jetzt tot?»

«Ja.»

«Ist die Mama von dem Rindli jetzt traurig?»

«Hm.»

«Wer hat es tot gemacht?»

Mir tropft Sauce auf die Tischdecke. Schneider reicht mir eine Serviette. Tot gemacht? Alma fragt:

«Wo sind die Augen?»

Ich sehe meine Tochter, wie sie mit den Tränen kämpft. Vielleicht sollten wir Vegetarier werden. Denn über Seitan und Tofu zu reden, wäre einfacher.

Mit Feuereifer

Warum bin ich nicht früher draufgekommen? Ich drehe den Globus im Kreis. Natürlich! Wir fahren nach Island! Ich war schon vier Mal geschäftlich dort, aber immer nur für wenige Tage – wäre schön, mit meinen drei Frauen mal länger dort zu weilen.

Da Schreiber es zu Hause am schönsten findet, muss ich eine originelle Präsentation der Feriendestination finden.

«Liebste?», frage ich am anderen Tag. «Ja, was ist?» – «Was hältst du davon, dem lieben Gott bei seiner Arbeit zuzuschauen?» – «Sag mal, spinnst du?» – «Weisst du, ich meine: Interessiert es dich, wie die Welt entstanden ist?» Schreiber blickt verwirrt. Ich führe sie auf den Sitzplatz, wo ich meine kleine Demonstration vorbereitet habe.

Schnell setze ich den Anzündwürfel in Brand und lege ihn unter den leeren, umgedrehten Blumentopf. Der Rauch steigt durch das Wasserlöchlein – ein perfekter Vulkan! Die Kerzenstummel am Rand beginnen zu schmelzen – das ist die Lava, die am Vulkanhang zäh herunterfliesst. Ich hole Eiswürfel aus dem Gefrierfach und lege sie auf den Topf, und natürlich schmelzen diese auch.

Schreiber und Zaubermaus machen grosse Augen. Sie staunen. Ein Riesenspektakel!

«Na, was ist das?», frage ich erwartungsfroh, stolz auf meine gelungene Vorführung. Schreiber lächelt müde. Aber Alma strahlt: «Juhui, ein Vulkan!»

Ja! Auf meine Tochter ist Verlass.

SIE

Mein Liebster ist zurzeit auffallend fröhlich. Ich komme gerade aus dem Bad, er pfeifend aus dem Arbeitszimmer: «Du, kann ich den alten Blumentopf im Keller haben?» – «Nur zu», antworte ich. Wusste gar nicht, dass er sich für Grünzeug interessiert. Noch dazu vor dem Frühstück. – Kurz danach: «Liebste! Haben wir Eiswürfel?» – «Pflanzt du jetzt Eisblumen?», frage ich spöttisch. Als er auch noch Kerzen in den Garten schleppt, werde ich langsam neugierig. Dann ruft er mich und unsere Zaubermaus ins Freie.

Ich sehe einen alten Blumentopf, der auf dem Kopf steht und mit Kerzen geschmückt ist. Schneider kniet am Boden und bläst wie wild unter den Topf, oben rauchts, Wachs tropft, Eiswürfel schmelzen. Schneider hat rote Backen wie ein Troll. Ich schaue mich um, ob uns jemand bei dieser peinlichen Aktion beobachtet. Schneider japst: «Na, was ist das?» Mein Mann beim Spielen, vermute ich. Alma runzelt die Stirn: «Ein Vulkan!»

Schneider knutscht unsere Tochter ab und strahlt mich an: «Genau! Und dort will ich mit euch hin. Nach Island!»

Das habe ich nun von Schneiders einsamen Nächten in unserem Arbeitszimmer: Kaum lässt man ihn allein, kommt er auf dumme Gedanken!

Feng Shui für Schreiber

SIE

Ich kanns nicht mehr sehen! Überall horten wir Krempel. Auf dem Fensterbrett liegen Briefe, Einkaufszettel, abgerissene Knöpfe, Spielgeld. Auf dem Regal im Wohnzimmer türmen sich Bücher, Comics (allesamt von Schneider), Kerzenständer und Legosteine. Das Gästebett ist unter Bügelwäsche begraben. Und auf dem Klavier stapeln sich Fotoalben kreuz und quer. Kurz: In unserer Wohnung ist jeder freie Platz belegt.

Schneider tut so, als wäre das alles von mir. Falsch! Es ist unser gemeinsamer Plunder. Leider haben wir beide die Angewohnheit, Dinge nicht an ihren richtigen Ort zu versorgen, sondern einfach dorthin, wo gerade Platz ist.

«Wir müssen ausmisten», beschliessen wir also, für einmal in schönster Eintracht. Mein Liebster nimmt sich das Bücherregal vor. Doch statt seiner uralten Reiseführer – «Kirgisien per Velo» zum Beispiel – sehe ich, wie er meine Romane von Isaac B. Singer in die Bananenschachtel räumt.

«Halt, halt! Die muss ich erst mal durchsehen», bremse ich ihn.

Schneider schmollt und grummelt: «So wird das nichts.»

Typisch! Ist ja auch viel einfacher, sich von Sachen zu trennen, die einem gar nicht gehören. Als ich im Gegenzug versuche, seine Comics von Anno dazumal auf ein Drittel zu reduzieren – seit wir zusammenleben, hat er sie kein einziges Mal angeschaut –, endet unsere Entrümpelungsaktion in gegenseitigem Unverständnis.

Ausmisten ist einfach nicht beziehungstauglich.

Ich habe Schreiber bei der Arbeit kennen gelernt. Wir sassen uns in einem kleinen Büro gegenüber, und ich gebe zu, dass ich mich in vollem Bewusstsein in eine Chaotin verliebt habe: Ihr Schreibtisch war proppenvoll mit allem möglichen Kram.

Meiner zwar auch. Dafür war meine Junggesellenbude weit gehend leer. Das machte sie zwar nicht unbedingt gemütlich, aber ich war stolz darauf, meine Habseligkeiten in ein paar Kartonschachteln packen zu können, die in einem Kombi Platz gefunden hätten.

Vergangene Zeiten.

Mit Schreiber in der gemeinsamen Wohnung bräuchten wir wohl allein für das Gerümpel ein paar Lastwagen. Aber bevor ich zur Tat schreite und ein Transportunternehmen beauftrage, warte ich das Ende unserer Entrümpelungsaktion ab, denn ich habe meine Erfahrungen gemacht: Schreiber mistet in der Regel nicht aus, sondern schichtet um. Von diesem Zimmer ins andere, unters Bett, auf den Schrank. Irgendwohin, nur nicht fort.

Dabei habe ich bei unserem letzten Besuch bei meiner buddhistischen Schwiegermutter im Bücherregal den absolut richtigen Ratgeber für meine Liebste gefunden: «Feng Shui – gegen das Gerümpel des Alltags». Ich habe das Büchlein unbesehen, aber nicht ohne Hintergedanken mitgenommen und gut sichtbar auf Schreibers Nachttisch gelegt.

Ich glaube allerdings, es war das einzige Buch, das sie während der letzten fünf Jahre bereits am nächsten Tag in die Brockenstube getragen hat.

Lauter Schnäppchen

SIE

Das tut gut: Drei Bananenschachteln voller Bücher, ein Berg altes Geschirr und zwei Säcke mit Kleidern sind bereit zum Abtransport. Im Schrank hängen nun sogar leere Bügel, auf den Regalen herrscht gähnende Leere, und unser Schreibtisch sieht fast schon verlassen aus.

Wir bringen die ausrangierten Sachen ins Brockenhaus. Weil Schneider keine Bücherschachteln tragen kann (er muss seinen Rücken immer noch schonen) und die Dinger für mich ebenfalls zu schwer sind, muss der Mann aus dem Brocki ran.

«Normalerweise machen wir das nicht», meckert er beim Anblick der geballten Ladung in unserem Kofferraum.

Während wir warten, stöbere ich ein bisschen durch die Halle und entdecke eine supertolle Murmelbahn, leicht lädiert, aber ansonsten prima: nur zwölf Franken. Ein Schnäppchen, wenn man weiss, was so Bahnen normalerweise kosten. In der Geschirrecke stehen zwei schöne Blumenvasen, sehr gross, ideal für Frühlingszweige. Ich beschliesse, eine davon mitzunehmen. Hinter alten Reisekoffern entdecke ich auch noch einen Zeitungsständer aus den Fünfzigerjahren, der ideal wäre für Schneiders Autozeitschriften. Echt super, die Brockenstube.

Dann schleppe ich die Sachen zur Kasse.

Schneider hat bei der Rückfahrt schlechte Laune. Völlig grundlos, wenn man bedenkt, dass alles zusammen nur lächerliche 35 Franken gekostet hat. Und Platz haben wir zu Hause ja auch wieder zur Genüge.

Braucht es für zwei Frühlingssträusse im Jahr fünf verschiedene Vasen? Und wozu dient eigentlich ein Zeitungsständer im Klo? Meine Hefte klemme ich unters Waschbecken; so sind sie aus dem Weg. Eine Murmelbahn – gut, die ist in der Tat schön, aber auch ziemlich kaputt. Und wer wird sie reparieren? Schreiber? Dann wird das so lange dauern, bis unsere Enkelkinder damit spielen können. Warum bloss hat meine Liebste eine Schwäche für Altes und Kaputtes?

Kürzlich entdeckte sie auf einem Sonntagsspaziergang zwei schwere Holzstühle in einer Mulde.

«Sind die nicht toll?», jauchzte sie.

«Sind die nicht ein bisschen kaputt?», versuchte ich zu kontern. «Vermutlich hat es ja einen Grund, dass sie im Abfall liegen.»

«Da muss man nur diese Metallteile schweissen, dann sind die wieder wie neu», sagte sie fröhlich.

Schweissen? Ich? Ich kann nicht schweissen, und ich will das auch gar nicht können. Doch da war Schreiber bereits dabei, die Stühle ächzend aus der Mulde zu zerren.

«Mein Papa kann das!»

Was im Klartext heisst: Bei unserer nächsten Fahrt nach Bayern werden zwei total ruinierte Stühle den Kofferraum füllen. Sie werden 300 Kilometer nach Osten kutschiert und wieder zurück, um schliesslich unsere Wohnung zu verstellen. Denn Schreiber weiss selbst noch nicht, wo die Stühle hinsollen. Aber sie tröstet mich: «Wenn wir mal unser eigenes Haus haben, dann sind die genau richtig fürs Arbeitszimmer.»

Oder fürs Brockenhaus.

Launisches Klima

SIE

Also gut, wir fahren nach Island. Mein Liebster hat mich mit seiner Vulkanshow auf unserem Sitzplatz eingestimmt, und ich habe spontan zugestimmt. Vielleicht ein bisschen zu spontan – denn ich erfahre jetzt erst, dass dort die Erde fast täglich wackelt, dass man sich an den Lavasteinen sogar Bergschuhe zerschneiden kann, dass das Wetter launisch ist. Also saukalt und stürmisch. Ich nehme mir Schneiders Lieblingssatz zu Herzen: «Es gibt kein schlechtes Wetter, nur schlechte Kleidung.»

Auf meiner Einkaufsliste stehen Thermounterwäsche, eine wind- und wasserdichte Jacke, Trekkinghosen. Ich lande in einem Fachgeschäft für Naturburschen zwischen Karabinern, Seilen und Moskitonetzen. Wer hier einkauft, sucht Abenteuer. Ich suche etwas Warmes.

Die Wanderhosen haben Beine zum Abnehmen und sehr viele Klettverschlüsse, die Jacke hat zig Taschen und sogar einen integrierten Kompass. Falls wir in einer Vulkanwüste verloren gehen sollten. Ich komme aus der Umkleidekabine, stolpere fast in das Regal mit den Taschenmessern, weil mir die Kapuze ins Gesicht gerutscht ist. «Guter Kopfschutz ist wichtig, denn in Island pfeift es einem ziemlich um die Ohren», erklärt mir die Verkäuferin und gerät ins Schwärmen: «Island ist eine tolle Insel, heisse Quellen, Schneeberge, viel Platz und weit und breit keine Menschenseele.»

Gut so, dann sieht mich niemand in meiner Expeditionsmontur.

«Npf?» Schreiber steht an diesem Frühlingstag vor mir, als würden lebensgefährliche Viren durch die Luft schwirren: Von oben bis unten hermetisch abgeschottet mit schweren Schuhen, Hosen, Handschuhen und Jacke mit hochgeschlagener Kapuze und einem Schal im Gesicht, der bis unter die Augen reicht. Diese wiederum werden von einer dunklen Brille geschützt. Sie rollt den Schal über Nase und Mund runter und sagt noch einmal: «Na?»

Ich atme tief ein, denke: «Schreibers dramatische Art geht mir auf den Wecker», und sage: «Heisse Sachen, die du da gekauft hast. Damit steigen unsere Chancen beträchtlich, die Islandreise zu überleben. Hast du für Alma und Ida auch ein Vermögen ausgegeben?» Schreiber lächelt: «Du weisst doch: Schlechtes Wetter gibt es nicht.»

Ich bekomme schlechte Laune und befürchte, dass unser Islandabenteuer ähnlich katastrophal beginnen wird wie unsere Australienreise vor zweieinhalb Jahren: Damals moserte sie die ersten beiden Wochen nur rum, statt das Meer, die Sonne und den Regenwald zu geniessen. «Hör auf damit, so zu tun, als ob Island am Nordpol liegt», sage ich. – «Aber es ist kälter dort!» – Ich weiss es besser: «Im Jahresschnitt ein klein wenig kälter als Zürich.» – «Ach, ja? Hier ist es aber schön warm.» – «Na, siehst du? Und sollte es wirklich mal frisch sein: Dann schauen wir uns alles von unserem Mietwagen aus an. Der hat nämlich eine tolle Heizung.»

Sture Geiss

Der Bauernbub gefällt mir. Sein Hosenboden hängt auf Kniehöhe und an der Nase baumelt eine Rotzglocke. Ausserdem hat er ein Projekt: Die Ziegen, die wohl abgehauen sind, will er auf die andere Weide zurücktreiben. Der Kleine wetzt in seinen Gummistiefelchen durchs Gras, ruft «Hoho!» und patscht den Tieren mit seinen Händen auf den Hintern.

Ich schaue eine Weile zu und denke: Toll, was dieser Junge da erlebt. Der will bestimmt Bauer werden, von früh bis spät draussen arbeiten und nie in einem Büro eingesperrt sein. Glücklicher Junge!

Schreiber stupft mich und unterbricht meine Gedanken: «Armer Junge! Wir sollten ihm helfen», sagt sie. Ich lächle: «Ach was, der weiss schon, was er tut.» – «Aber nein, schau, wie er sich abmüht. Das schafft der nie alleine!» Ich schaue meiner Liebsten in die Augen: «Soso, wir Städter wissen wieder mal alles besser und zeigen der rückständigen Landbevölkerung, wie man eine Ziegenherde auf die Weide führt, oder was?!»

Schreiber lässt nicht locker: «Ist dir wohl peinlich! Dabei prahlst du immer, du seist auf der Scholle aufgewachsen und würdest tausend Mal lieber einem Acker entlangspazieren als auf der Bahnhofstrasse. Jetzt kannst du beweisen, ob du als Bauer taugst!»

Ich blicke nach links, nach rechts und hoch zum Hof: niemand zu sehen. Na gut, dann werde ich der Stadtschnepfe Schreiber mal was zeigen und stapfe los.

Da ich unbedingt meine Überlebensausrüstung vor der Islandreise testen wollte, sind wir spontan auf den Atzmännig, unseren Hausberg, gefahren. Dort ist es windig und frisch, zwischendurch scheint die Sonne. «Etwa so ist das Wetter in Island», sagt Schneider beim Aufstieg, während Zaubermaus überglücklich Blumen pflückt. «Geht doch, oder?» Ich sage nichts, denn ich beobachte schon längere Zeit einen Bauernjungen.

«Wir müssen helfen!», sage ich. Unten liegt ein Tobel. Wenn die Ziegen abstürzen – eine Katastrophe. Oder womöglich der Bub ... – um Gottes willen! Ich muss Schneider überreden, und endlich lenkt er ein.

Wir sind der Ziegenherde auf den Fersen. Ich schnappe mir eine zottelige Riesenziege mit Hörnern, erwische sie an ihrem Lederhalsband und zerre sie Richtung Gatter. Doch da reisst sie ihren Kopf nach rechts und haut mich fast aus meinen neuen Gore-Tex-Bergschuhen. Was für eine sture Geiss! Kaum haben wir zwei Tiere in die Weide bugsiert, haut eine wieder ab.

Keine Chance! Schneider packt zwar schon die nächste Ziege am Halsband, während Ida Piccolina im Baby-Rucksack über so viel Ruckelei vor Vergnügen quietscht. Und der kleine Bauernbub, dieser süsse Pimpf, hilft tapfer mit.

Wir geben nicht auf. Der Bauer wird sicher froh sein, dass wir seine Tiere einfangen. Da wird im Bauernhaus auf der Anhöhe auf einmal ein Fenster aufgerissen und ein Mann schreit heraus: «Herrgott nochmal, lasst die Ziegen endlich in Ruhe!»

Mama-Monster im siebten Himmel

SIE Ich schmiere mir weissen Matsch ins Gesicht, rubble damit meine Haut ein, Zaubermaus klatscht mir noch einen Klacks auf die Schultern. Herrlich! Der Salz-Kalk-Brei soll die Haut straffen und Wunder wirken, wogegen ich nichts hätte. Das «Mama-Monster», wie mich meine Tochter freundlich nennt, ist selig und hängt im badewannenwarmen Wasser. Es dampft aus allen Löchern, der Wind weht heftig und Zürich ist nicht vier Flugstunden, sondern Lichtjahre entfernt.

Wir sind in Island angekommen. Und ich wähne mich auf einem anderen Planeten – was mir ausnahmsweise mal gefällt. Mein Liebster rennt mit dem Fotoapparat am Ufer der «Blauen Lagune» entlang und dirigiert uns in fotogene Buchten. «Ja, hier ists gut, jetzt alle herschauen. ALMA! IDA! SPAGHETTIIIII!» Schneider ohne Fotokamera ist wie Island ohne heisse Quellen. Unvorstellbar! Wir paddeln seinen Anweisungen wie Robben hinterher. Dass der nicht friert?!

Ich staune nur noch. Hatte mir Island wüst und abweisend vorgestellt. Die Berge sind zwar nur dünn bewachsen wie Schneiders Kopf, aber faszinierend bunt. Tolle Idee von meinem Liebsten, hierher zu reisen! Wo steckt er eigentlich?

Meine Brille ist mittlerweile total beschlagen von all dem Dampf. Ich kann Schneider nicht mehr sehen, aber wenigstens hören. Hinter einem Lavafelsen niest es: «Liebster?» – Der Ärmste wird doch wohl hoffentlich nicht die Nase voll haben.

Ich niese. Das Bett wackelt.

Meine drei Frauen sind einkaufen gegangen, und ich liege unter der Decke. Ich erkälte mich sonst nie – nun aber ausgerechnet in den Ferien in Island! Ich blicke mit kleinen Augen aus dem Fenster: In der Ferne schimmert ein Gletscher, etwas weiter links ragt der Vulkan Hekla in den Himmel und Vogelgezwitscher erfüllt die Luft. Die Insel zeigt sich von ihrer besten Seite im strahlenden Sonnenlicht, das abends gar nicht mehr aufhört. Alma, ein Nachtmensch, ist deshalb kaum ins Bett zu bringen. Und da es um vier wieder hell ist, wird Morgenmensch Ida putzmunter.

Mir fehlt etwas Schlaf.

Ich schnäuze. Bin im Land der Wasserfälle und trage einen mitten im Gesicht: meine Nase. Wie die läuft.

Alles andere läuft auch: Alma und Ida quietschen vor Vergnügen in jeder heissen Quelle, in die ich mich momentan nur mit Wollmütze lege, und Schreiber, ja, Schreiber ist überhaupt nicht wieder zu erkennen. Sie schwärmt von der Landschaft, vom Essen, von unseren Zimmern, als hätte sie ihr Leben lang von Island geträumt. Dabei hatte sie keine Ahnung und dachte, wir würden hier ums Überleben kämpfen. Anders kann ich mir ihre Packstrategie nicht erklären: Mit dabei ist nebst Babybreikocher, Fön, Regenschirm, Seil, Taschenlampen und Espressokocher auch eine pfundschwere Reiseapotheke.

Immerhin die habe ich nicht vergebens hierher geschleppt. HATSCHI!!!

Gemeinsam einsam

Wir beziehen unser neues Quartier. Ein Hüttchen am Fluss mit privatem Wasserfall. Rundherum nichts ausser Steppe, Lavafelder und in der Ferne ein Vulkan. Welcher, weiss ich nicht. Gibt ziemlich viele hier.

«Ich gehe einkaufen», sage ich zu meinem Liebsten, der mit unserer Tochter am Bach gerade einen Staudamm baut. Auf der Landkarte sehe ich einen grossen Ort eingezeichnet, Reykholt, 15 Kilometer entfernt, also mit dem Auto nur eine Viertelstunde.

Ich rumple über die Kiesstrasse, die paar Kilometer ziehen sich. Nach dreissig Minuten sehe ich ein paar Häuser und eine Kirche. Ich steige bei der Tankstelle aus und werde von einer eiskalten Windböe fast umgeblasen. Die Gletscher lassen grüssen. Im Schuppen erkundige ich mich nach dem Weg: «Wo geht's nach Reykholt?» – «Das ist Reykholt», sagt die Frau freundlich auf Englisch. – «Ah! Und der Supermarkt?» – «Das ist der Supermarkt!», sagt die Frau und lächelt.

Oh! Ich entdecke Karotten, Nudeln, Ersatzreifen, Scheren für die Schafschur, eingelegte Heringe und Kakao mit Marshmallows. Für ein feudales Abendessen sehe ich schwarz.

Als ich nach anderthalb Stunden endlich wieder bei unserer Unterkunft eintreffe, ist der Staudamm fast fertig. So wie ich. Ich setze mich mit einem Bier zu meinem Liebsten an den Fluss. Schneider schreit gegen den Wind: «Ist das nicht schön! So viel Platz, weit und breit keine Leute! Nur wir!»

Hm. Auf einmal fühle ich mich nicht nur alleine, sondern auch richtig einsam.

«Hast du nasse Füsse?», fragt Schreiber unsere Tochter, die im flachen Wasser steht. «Näi, näi», antwortet Alma auf Isländisch. Schreiber zweifelt und wendet sich mir zu: «Hat sie?» Klar! Aber ich schüttle den Kopf, denn sonst beendet die stets besorgte Mutter unser Staudammprojekt auf der Stelle.

Schreibers Island-Euphorie leidet im Moment. Zwar scheint die Sonne, aber es ist frostig. Vorwurfsvoll trägt Schreiber darum auch in unserer kuschelig warmen Hütte die Mütze auf dem Kopf.

Zudem wähnt sie sich als Kolonialistin: «Gewisse Dinge müsste man hier dringend ändern. Wir könnten Jalousien importieren und Millionäre werden», sagt sie. «Bei diesen hellen Nächten kann ja kein Mensch schlafen! Die dünnen Vorhänge nützen rein gar nichts.»

Und erst der Wind. «Der macht mich wahnsinnig. Warum machen die keine Holzwände um die Veranden?!», schimpft sie und ergänzt: «Ausserdem würde ich Windkraftwerke bauen, dann bläst wenigstens nicht umsonst!», mosert Frau Neunmalklug weiter.

«Die haben hier schon genug Geothermie und Wasserkraft», gebe ich zu bedenken. «Für die 300 000 Leute auf der Insel reicht das vollkommen aus.»

Schreiber nickt. «Genau, und das wollte ich auch noch sagen: Sind mir viel zu wenig Menschen hier!»

Meine Liebste nimmt einen grossen Schluck Bier. Ich hingegen schlucke leer. Denn in die wirklich verlassenen Landstriche reisen wir erst noch.

Papa auf der Pirsch

Islands Westfjorde: ein Viertel so gross wie die Schweiz, etwas über 7000 Einwohner, unendlich viele Vögel. Und genau jetzt bin ich zu einem unterwegs, zum putzigsten überhaupt, dem Papageitaucher. Zehn Meter weit bin ich bisher gerobbt, und der pummelige schwarze Vogel mit dem grossen bunten Schnabel fühlt sich sicher, denn er steht immer noch bockstill auf der Kante des Vogelfelsens.

Vorsichtig arbeite ich mich auf Ellbogen, Bauch und Knien voran. Das Gras ist weich. Ich erinnere mich, wie ich vor zwanzig Jahren in Kuba auf einem Meeresfelsen in ähnlicher Mission unterwegs war. Mein Ziel war ein grosser weisser und deshalb wohl seltener Krebs, der auf einem schwarzen Stein sass. Ein herausforderndes Motiv. Es gelang mir, in seine unmittelbare Nähe zu kommen, indem ich mich über scharfkantige Felsen anpirschte. Ich bezahlte dafür mit blutigen Kratzern an Beinen und Armen. Erst nachdem ich einen halben Film durchgeschossen hatte, merkte ich, dass der Krebs von der Sonne ausgebleicht und mausetot war.

Aber der Papageitaucher vor mir lebt. Eben hat er seinen Kopf gedreht. Im Zeitlupentempo schiebe ich mich voran, die Fotokamera schussbereit in der Hand. Ich sehe den Abgrund näher kommen. Jetzt nicht nervös werden! Unendlich langsam bringe ich mich in Position und drücke ab. Wieder und wieder. Der Vogel wirft sich in Pose. Was bin ich doch für ein Glückspilz! Schreiber wird staunen.

Unsere beiden Mäuse schlafen im Auto. Ich warte deshalb unten auf dem Parkplatz, während sich Schneider oben auf dem Plateau des Vogelfelsens herumtreibt. Ich schaue durch mein kleines Fernglas und sehe, wie er auf der Wiese auf dem Bauch liegt.

«Ich werde versuchen, Papageitaucher zu fotografieren. Mal sehen, ob mir das gelingt, ich gebe mein Bestes», hatte mein Liebster gesagt, als er loszog. Er blickte mich an, als ob er unter Einsatz seines Lebens Wale jagen würde.

Robbt er noch? Oder schläft er schon? Nein. Langsam wie eine Schildkröte kriecht er auf den noch weit entfernten Abgrund zu. Hoffentlich passt er auf, denke ich, als hinter mir eine Stimme ertönt: «Gehen Sie doch die paar Schritte hoch, da sehen Sie die Vögel viel besser! Es lohnt sich.» Ich drehe mich um. Ein deutscher Tourist. «Schon gut», antworte ich. «Ich beobachte keine Vögel, sondern meinen Mann. Er liegt dort oben auf dem Bauch.»

Der ältere Mann führt einen riesigen Feldstecher an seine Augen und schaut nun auch hoch. «Ach, ja. Ist er Vogelkundler?», fragt er. – «Nein, nein. Er will unbedingt einen der speziellen Papageitaucher fotografieren», antworte ich. Der Deutsche lacht laut. «Papageitaucher? Von denen wimmelt es hier. Und er braucht sich auch nicht anzuschleichen. Die haben keine Angst vor Menschen und lieben es, sich aus nächster Nähe fotografieren zu lassen.»

Das Hotel in der Pampa

Vor mir breitet sich der Atlantik aus. Einen Kilometer entfernt dümpelt ein Eisberg im Meer, der aus Ostgrönland kommt. Ein Baumstamm wird von der Brandung immer näher an den Steinstrand geschwemmt, wo er neben zahlreichem anderem Schwemmholz aus Sibirien liegen bleibt. Die nächste Siedlung mit mehr als 20 Einwohnern liegt zwei Autostunden über abenteuerliche Staubpisten entfernt. Hier sind wir in Krossnes, wo die Strasse aufhört, und das allein aus einem Ortsschild besteht und aus einem Schwimmbad, das die Farmer einst für ihre wenigen Mussestunden gebaut haben. Wohlig räkle ich mich im 37 Grad warmen Wasser.

«Papa? Mir gefällt es hier», sagt Alma, die mit ihren Flügelchen angeschwommen gekommen ist und nun mit mir über den Beckenrand hinaus aufs Meer blickt. Ich freue mich.

Hinter mir watet Schreiber mit Ida im Arm durchs Wasser und stellt sich ebenfalls neben mich. Sie seufzt vor Glück. Ich juble lautlos, aber heftig in mich hinein.

Gestern erst hat sie mir gestanden, dass sie nur mir zuliebe mit nach Island gekommen sei. «Ab und zu muss ich eben auf die Zähne beissen und etwas gegen dein Reisefieber tun, sonst bist du ungeniessbar», meinte sie leichthin. Mich erwischte das schwer. Aber ich habe mich vom Schlag erholt: «Ist super hier, nicht wahr?», frage ich.

Schreiber blickt mich strahlend an: «Schade, dass ich nicht gewusst habe, wie schön Island ist. Sonst hätte ich mich richtig auf diese Ferien gefreut!»

Freiwillig wäre ich nie hierher gereist. Aber manchmal brauche ich eben einen Schubs. So wie jetzt. Zaubermaus und Piccolina schlafen endlich, und mein Liebster will mit mir durch die taghelle Nacht spazieren. «Ausruhen können wir uns im Altersheim», sagt er. Ich raffe mich auf, obwohl mein Schlafkonto schwer im Minus ist.

Wir bummeln durch Djupavik. Zwei Einwohner, eine abgewrackte Heringsfabrik, sieben Sommerhäuser, ein Hotel und am Strand ein rostiger Kahn, kein Laden, aber eine Zapfsäule und ein Wasserfall.

Vor dem Hotel steht Eva, die Besitzerin, und streichelt ihren Hund Tina. Sie lebt seit zwei Jahrzehnten hier. Ist freiwillig aus Reykjavik mit ihrem Mann und ihren damals drei kleinen Kindern hierher gezogen. Sie nennt es das Paradies und Krossnes den schönsten Pool der Welt. Hat was. Aber immer hier sein?

Schneider gerät ins Schwärmen: «Irgendwann mal eine kleine Pension an so einem Ort führen, das wär doch was. Oder ein Jahr hier leben und einen Krimi schreiben.»

Wohl eher eine Horrorgeschichte. Die Wintermonate sind sicher gruselig in diesem Nest. Einundzwanzig Stunden Nacht, die Strassen von Lawinen verschüttet; die Nahrung kommt per Schiff, wenn überhaupt; Spuk in der alten Heringsfabrik.

Ich schmiege mich eng an meinen Liebsten: «Lass uns lieber die Liebesromanze schreiben, wie ich für dich bis ans Ende der Welt gereist bin. Aber zu Hause, bitte.»

SIE

Abheben oder ausrasten

Viertel vor drei.

Ich weiss, dass die Mount-Everest-Besteiger in der letzten Nacht vor dem Gipfelsturm kein Auge zutun. So wie ich.

Ich muss nicht auf den Everest, aber mit meinen drei Frauen zu Islands Flughafen in Keflavik. In ein paar Stunden gehts zurück in die Schweiz mit 70 Kilogramm Gepäck. Die Taschen sind zum Bersten gefüllt, unter anderem mit Muscheln, schwarzem Sand, weissem Sand und gelbem Sand, mit roten und grauen Steinen, mit kleinen Stückchen Schwemmholz, mit Rhabarberkonfitüre und geräuchertem Lachs. Ich bin froh, hat Schreiber keinen Islandpullover gekauft, der zusätzlich den Platzbedarf eines Lammes erfordert hätte.

Ich stehe auf, gehe ans Fenster und blicke auf das Fussballnationalstadion von Reykjavik. Jetzt ein Spiel, das wärs. Es ist drei Uhr nachts, und die Sonne scheint. Ich lege mich hin. Um fünf werde ich meine Frauen wecken. Ich hoffe, alles geht gut: die 45-minütige Fahrt zum Flughafen und vor allem das Einchecken. Vor acht Uhr heben sieben Maschinen Richtung Kontinent ab, und es wäre die Hölle, wenn ich mit meinen total verschlafenen und deshalb furchtbar schlecht gelaunten Frauen zu spät käme und in einer ellenlangen Reihe anstehen müsste, mit mindestens zwei Gepäckwagen, einem Kinderwagen und Idas Kinderautositz.

Viertel nach drei. Ich rechne noch einmal alles durch. Fünf Uhr. Sollte reichen. Warum bin ich bloss so nervös?

Auf unserer Fahrt zum Flughafen dampft in der Ferne die blaue Lagune. Neben mir kocht Schneider. Hat die Zeitumstellung noch immer nicht geschnallt und sich um eine Stunde verrechnet.

Endlich erreichen wir den Flughafen Keflavik. Schneider setzt mich, die Kinder und das Gepäck vor der Abflughalle ab, ruft aus dem Fenster: «Ich bring den Wagen zurück. Wir sehen uns spätestens bei der Passkontrolle!», und braust von dannen.

Ich wuchte den ersten unserer Gepäckwagen durch die Schiebetüre in die Abflughalle – mich trifft der Schlag! Die Schlange vor den Check-in-Schaltern reicht bis zum Haupteingang.

Die Reihe bewegt sich kaum vorwärts. Wir sind die Letzten und bleiben es auch. Keiner ist so spät dran wie wir. Ida döst im Kinderwagen, Alma sitzt auf unserem Taschenberg, und mir ist heiss.

Auf einmal entdecke ich in der Menschenmenge eine Hostess. Meine einzige Chance! «Hallo! Sie da! Wir sind viel zu spät dran, Riesenstress, kleine Kinder, Mann beim Mietauto, Flug Nummer Wasweissichdenn.» Ich wedle mit den Tickets. Sie kommt näher, toll! Dann prüft sie die Flugscheine, lotst uns hektisch winkend an etwa dreihundert Wartenden vorbei direkt an einen Schalter.

Just in diesem Moment taucht mein Liebster auf, staunt und sagt: «Manchmal ist deine forsche Art gar nicht so schlecht.»

Ich nicke: «Auf jeden Fall besser als deine Rechenkünste!»

Bin ich schön?

Wir sind wieder daheim. Und Alma kann endlich wieder in ihre italienische Spielgruppe gehen. Dort wird sie von der Leiterin Ornella geherzt und gedrückt, als wären wir auf Verwandtenbesuch in Italien. Nebenbei lernt Alma Italienisch, um beim nächsten Verwandtenbesuch im Friaul – wenn sie allzu sehr geherzt und gedrückt wird – sagen zu können, dass sie Luft braucht.

«Wie wars heute?», frage ich am Abend.

«Nicht so gut», sagt Alma.

«Warum?» Die Viereinhalbjährige seufzt: «Ach, wir haben Theater gespielt. Und ich war die Biancaneve, weil ich doch so schön bin. Und darum muss ich immer die Prinzessin spielen. Immer!»

«Soso. Wer hat denn gesagt, dass du so schön bist?»

Alma blickt verständnislos: «Aber Papa, du sagst das doch immer!»

«Aha.»

Alma schüttelt den Kopf. «Weisst du, das Problem ist, es gibt keinen schönen Prinzen in der Spielgruppe. Findest du Claudio etwa schön? Oder Mauro? Oder Pasquale? Hat er ein schönes Kleid? Oder ein schönes Pferd? Nein! Nur ein Trottinett.»

Ich frage: «Gibts denn niemanden, der dir gefällt?» Alma nickt. «Doch. Patrizia ist schön. Aber sie spuckt so, wenn sie küsst. Soll ich dir mal zeigen, wie sie spuckt, wenn sie küsst?»

Alma drückt mir einen feuchten Kuss auf die Wange. Ich frage: «Wie wäre es denn mit mir als Prinzen?»

Alma strahlt. «Aber Papa, du bist doch viel zu alt für einen Prinzen!»

Wir sind beim Einkaufen im Supermarkt. Zaubermaus wollte unbedingt mitkommen. Sie thront im Wagen, ich schiebe, sie befiehlt: «Mama! Schoggi! Kaugummi! Pfirsiche!»

Pfirsiche gehen in Ordnung, der Rest wird abgelehnt: «Werte Prinzessin, Sie wollen doch keine Löcher in den Zähnen!»

Wenn ich meine Tochter sieze, ist sie viel kooperativer. Sie nickt und sagt: «Hach, immer diese Zahnteufelchen!» Wir kurven durch die Gänge. Plötzlich ein Schrei: «Mama! Da! Lippenstift!»

Eine gute Idee. Ich habe zu meinem neuen knallrosa T-Shirt noch keinen passenden Stift. Wir stehen vor dem Schminkstand und Alma wird ganz zappelig. Lidschatten, Nagellack, Rouge, Spiegelchen. Ein Paradies! Ich teste verschiedene Rosatöne. Bei jedem kreischt sie: «Ja, der ist toll! Komm, wir nehmen alle!»

«Werte Prinzessin. Sie haben daheim genügend Schminksachen. Wenn überhaupt, kaufen wir einen für mich, nicht für Sie!»

Sie denkt nach und – was für ein Wunder – macht kein Theater.

Zuhause hilft sie mir beim Auspacken, schnappt sich den Lippenstift und rennt weg. Ich rufe: «Halt, das ist meiner!» Alma lacht: «Aber, Mama, du bist doch schon schön. Und ich bin es auch. Aber die Ida, die ist noch so klein und die muss schon noch ein bisschen schöner werden.»

Wie fürsorglich unsere Zaubermaus auf einmal ist!

Bloss kein Einheitsbrei

Ich bin stolz auf mich! Habe im Internet vor einer Weile eine Baby-Brei-Koch-Pürier-Maschine gesucht – und nach drei Tagen eine gefunden. Für schlappe 100 Franken statt für 180, in tipptoppem Zustand. Das Teil macht aus Biokarotten innert Kürze Breikarotten.

Der Vorteil: Brauche keinen Topf, muss keinen Herd anstellen, kann das Gemüse garen und gleichzeitig spazieren gehen. Also zaubere ich köstliche Mixturen aus Vollkornflocken und Biogemüse, verfeinert mit ein paar Tropfen reinstem Olivenöl von meiner Mama aus Italien. Das ist die hohe Kunst der Babyküche!

Doch langsam zweifle ich an meiner Investition. Denn Ida reisst mir seit Tagen jedes Mal den Breilöffel aus der Hand, sobald ich in der Anflugschneise bin. Sie fuchtelt mit dem Löffel durch die Luft, das Püree fliegt mir um die Ohren, ihr in die Haare und der Rest an die Wand. Wenn der Löffel leer geschüttelt ist, nimmt sie ihn in den Mund und beisst kräftig drauf. Begeistert kreischend patscht sie schliesslich mit der anderen Hand in die Gemüsekleckse auf dem Tisch.

Wenn ich an all die Gläschen im Tiefkühler denke mit Kürbisbrei, Erbsenmus, Rübenpaste und Spinatmatsche, dann vergeht mir ehrlich gesagt auch der Appetit.

Schreiber lebt in zwei Welten. Die eine ist die, in der sie sich gern sieht, die andere jene, in der sie tatsächlich lebt. In ihrer Wunschwelt mimt Schreiber die bewusste Vollwertesserin. Dabei ernährt sie sich in Wahrheit am liebsten von Schokolade und schwarz eingefärbtem Seehasenrogen.

Damit die beiden Schreiber'schen Welten nicht kollidieren, steht das Vollkornbrot gut sichtbar in der Küche, und die Schokoladevorräte befinden sich versteckt im Keller, wo sie von meiner Liebsten alsbald rasend schnell und heimlich abgebaut werden.

Natürlich gibts auch im Gemüsefach unseres Kühlschrankes eine Zweiklassengesellschaft: Da liegen die grossen, langen Karotten neben den anderen: kleiner, teurer und bio. Die sind für Ida, denn sie soll gesund essen. Schreiber hat mich instruiert: «Du darfst auf keinen Fall Idas Biorüebli wegessen, und auf keinen Fall darfst du sie im Wasser kochen, gell! Nur in ihrer Breimaschine.»

Habe verstanden. Als ich aber eines Abends von der Arbeit komme und in die Küche trete, sehe ich, wie Ida vergnügt auf einer Weissbrotrinde herumkaut, Alma ein Schokoladeplätzchen isst und Schreiber frustriert einen Löffel Brei kostet.

«Sie mag keinen Brei mehr», sagt sie. Ich nicke. Immerhin ernährt sich Schreiber ausnahmsweise mal genau so, wie sie es uns immer predigt: mit supergesundem Biorüeblibrei, ohne Zusätze und schonend im Dampf gegart.

Schlaflos in Poschiavo

Schreiber hustet nicht wirklich damenhaft. Sie legt den Kopf in den Nacken, atmet tief ein und holt Anlauf in den verästelten Grenzregionen ihrer Lungenflügel. Dann, nach einer kurzen, trügerischen Ruhe, klappt sie nach vorne und zuckt zusammen, was durch ein erschütternd heiseres Kratzen und krächzendes Bellen begleitet wird.

Und das im Sommer!

Und manchmal eine ganze Stunde lang!

Ich habe ein schlechtes Gewissen, dass ich nicht mitfühlender bin. Aber ehrlich gesagt: Ich halte es fast nicht aus. Vor allem jetzt nicht: Es ist mitten in der Nacht. Meine Ärmste liegt nebenan in der Badewanne unseres Hotelzimmers, aber schlafen kann ich deswegen trotzdem nicht. Abgesehen davon wimmert alle Viertelstunden unsere kleine Ida. Die Zähne, vermuten wir.

Ich stehe auf und hebe die Kleine aus dem Kinderbett, gehe im Zimmer einige Schritte auf und ab und wiege sie. Morgen wollten wir nach Le Prese ins Schwimmbad oder mit dem Zug nach Tirano oder Richtung Bernina.

Vermutlich fahren wir aber nach Hause.

Dabei hatten wir uns sehr auf diese kurze Reise an den Rand der Schweiz gefreut. Schreiber hustet schon wieder. Grässlich laut! Ich sehe Alma seelenruhig in ihrem Bett schlafen. Wäre doch ein Jammer, wieder nach Hause zu fahren. Da zuckt eine Idee durch meine müden Hirnwindungen: Ich buche morgen ein weiteres Zimmer.

Für mich und Alma.

Ein zweites Zimmer ganz allein für mich, das wärs! Stattdessen flüchte ich mich ins Bad, um die anderen nicht mit meiner Husterei aufzuwecken. Aber aus einer Badewanne wird einfach kein Bett. Da nützen auch Riesenkissen und Duvet nichts.

So ein Mist! Wir verbringen unser einziges Sommer-Ferien-Wochenende in Poschiavo und ich liege wach. Wie jede Nacht, seit bald einem Jahr. Unsere Kleine findet durchschlafen unnötig und so langsam erreichen meine Batterien den roten Bereich.

Es tropft aus dem Hahn. Auch das noch! Mann, bin ich fertig!

«Gönn dir was richtig Feines!», sagt mein Liebster, als wir am nächsten Tag in der Gelateria auf der Piazza sitzen. Er ist fürsorglich, bestellt mir an der Bar einen Bananensplit, kommt mit einer Zeitung zurück, setzt sich hin, blättert. Seelenruhig. Herr Schneider macht Ferien. Und ich könnte auf der Stelle einschlafen. Geht aber nicht: Denn Zaubermaus spielt am Brunnen und Piccolina krabbelt über das Kopfsteinpflaster von dannen. Ich behalte beide in den Augen. Sofern sie mir nicht zufallen.

Mein Eis kommt und mit ihm drei Wespen, Zaubermaus ist patschnass, Piccolina hat einen Stein im Mund und mir platzt der Kragen: «Wenn du jetzt nicht sofort die Scheisszeitung weglegst und dich um die Kinder kümmerst, dann ...» – «Meine Güte, bist du gereizt», sagt er und gähnt. «Mann, bin ich müde!»

Ich glaub, ich träume!

Honigbrot statt Peitsche

Manchmal frage ich mich, was Schreiber den ganzen Tag treibt.

Zum Beispiel jetzt.

Ich stehe im Flur, durch den die Hunnen gezogen sein müssen. In unserer Wohnküche haben wohl Vandalen gehaust. Und in der Stube waren definitiv Polizisten mit Durchsuchungsbefehl am Werk: Wenigstens dreissig Bücher wurden aus dem Regal gerissen und ein paar Kleider darüber gestreut.

Ärger kommt auf. Früher lebte ich auch im Chaos. Aber heute liebe ich die Ordnung. So habe ich zum Beispiel gerade heute meinen Schreibtisch im Büro aufgeräumt, bevor ich nach Hause gekommen bin.

Ob meine neue Ordnungsliebe damit zu tun hat, dass es in mir drin auch ordentlicher geworden ist? Dass ich erwachsener geworden bin? Wenn es zwischen Reife und Ordnungsliebe einen Zusammenhang gibt, dann ist Schreiber noch immer ein heftig pubertierender Teenager voller gegensätzlicher Gefühle.

Ich gehe auf unseren verwüsteten Sitzplatz und blicke zum Spielplatz rüber. Dort sind sie, meine drei Frauen, und amüsieren sich. Ich seufze. Ist es denn so schwierig, einen kleinen Haushalt wie den unseren in Schuss zu halten? Ist Schreiber noch nie in den Sinn gekommen, dass ich es nach der Arbeit gerne gemütlich hätte, statt mit Aufräumen zu beginnen?

Offensichtlich nicht. Ich räume das Feld und gehe joggen. Vielleicht ist es ja aufgeräumt, wenn ich zurück bin.

Wir kommen vom Spielplatz nach Hause. Im Treppenhaus schlüpft Alma aus ihren Schuhen und lässt sie liegen. Dann stapft sie in die Wohnung, zieht im Gehen ihren Pulli aus, lässt ihn auf den Boden fallen, rennt ins Wohnzimmer, kramt ein Memory aus dem Regal, pfeffert alle Karten auf den Teppich, holt aus ihrem Zimmer das Köfferchen mit Puppenkleidern und beginnt, unter dem Küchentisch ein Bett für ihre Puppen einzurichten. Unsere Wohnung ist ein Kinderparadies. Nein, so geht das nicht!

SIE

«Alma, räum mal deine Schuhe weg und dann das Memory», rufe ich ihr nach. Sie hört nichts. «Almaaaaa!» Keine Reaktion.

Ich gehe in die Küche und werde laut. Schimpfe, dass sie jetzt mit mir zusammen die Sachen aufräumen soll und mich das Chaos nervt und ich nicht dauernd über Spielsachen stolpern will.

«Psst, Mama, Pupo schläft», antwortet sie auf meinen Wutausbruch und blickt besorgt.

Weil ich keine Lust auf Streit habe, schmiere ich mir ein Honigbrot mit extra viel Butter. Mir ist grad nicht nach Konsequenz.

Da klingelt es. Schneider? Wurde aber auch Zeit! Ich öffne die Türe, Zaubermaus steht draussen und sagt: «Ich bin die Putzfrau. Kann ich reinkommen? Ich möchte bei der Alma aufräumen.»

Oh!

Manchmal lohnt es sich, inkonsequent zu sein. Und erst mal ein Honigbrot zu essen.

Schneider allein zuhause

ER Ich habe mir eine Liste gemacht: Bad putzen, Stube aufräumen, Bett neu beziehen, eine Buntwäsche waschen. Dazwischen zwei geschäftliche Telefonate. Errechneter Zeitbedarf: eineinhalb Stunden. Da ein Morgen länger dauert, würde ich dann mit Alma spielen, mit Ida schmusen, eine Tasse Kaffee trinken, die Zeitung lesen und Mittagessen kochen: Hörnli und Gurkensalat.

Dachte ich. Nun ist es ein Uhr, und auf meiner Liste ist vieles gestrichen – alles, was ich nicht erledigt habe: Das Bad bleibt schmutzig, unaufgeräumt auch die Stube. Das Bett ist nicht bezogen. Die geschäftlichen Telefonate sind verschoben, Kaffeetrinken aufgehoben.

Der ganze Morgen ging drauf, um meine beiden Töchter zu kämmen, zu waschen, die Zähne zu putzen und anzuziehen. Es gab Getöse und Gebrüll, Verfolgungsjagden und Verzweiflungsschreie. Ich habe leise geflucht, laut unsere Erziehungsgrundsätze überdacht, Schreiber im Büro angerufen und geklagt. Hausmann sein ist anstrengend.

Jetzt kaue ich frustriert auf einem Salatblatt herum. Mit Kochen war nichts, bin einfach nicht dazu gekommen. Darum sitze ich zum Mittagessen in der Kantine der nahen EPI-Klinik. Meine beiden Mädchen sind gut gelaunt, und ich überlege: Geld verdienen ist viel einfacher als Kinder betreuen. Ich ziehe ernüchtert Bilanz über den heutigen Morgen: Alma ist angezogen. Ida satt. Die Buntwäsche in der Waschmaschine.

Dort macht sie das Gleiche wie ich.

Rotieren.

Supermann Schneider hats nicht im Griff. Und das ist gut so. Denn seine vorwurfsvollen Blicke am Feierabend sind mir ziemlich auf die Nerven gegangen. Tat der Herr doch immer so, als wäre ein Haushalt mit Kindern ein Pappenstiel.

Dem Schicksal sei Dank habe ich einen umfangreichen journalistischen Auftrag bekommen und Schneider muss für vier Tage zuhause einspringen: Er – Hausmann. Ich – selig!

Rollentausch ist enorm heilsam. Meiner Meinung nach sollte das jeder hin und wieder machen: der Manager als Krankenpfleger, die Chefredaktorin als Kassiererin, der Politiker als Krippenleiter. Was wäre die Welt besser, wenn jeder ab und zu in eine andere Rolle schlüpfen müsste!

Ich sitze an meinem Schreibtisch und gerate ins Sinnieren, als zum x-ten Mal das Telefon klingelt. Ob ich wohl etwas zum Abendessen mitbringen könne …

Von wegen ungestört arbeiten!

Nach drei Tagen habe ich den Beweis, dass Haushalt plus Kind einen Mann in den besten Jahren an den Rand der Verzweiflung bringen kann. Da Übung bekanntlich den Meister macht und mein Schneider gerne alles im Griff hat, sollte ich ihm öfter die Gelegenheit für diese anspruchsvolle Aufgabe geben.

Am Abend erkundigt sich mein Supermann, wie viel Zeit ich für meinen Auftrag eigentlich noch brauche. Er klingt dabei ein wenig erschöpft. Ich lächle milde.

«Übermorgen darfst du wieder ins Büro gehen – und dich so richtig schön erholen.»

Viva la revolución!

Wir sind eingeladen bei Toni, meinem alten Junggesellenkumpel, mit dem ich vor 15 Jahren einen ganzen Sommer in Kuba verbracht habe. Es ist ein schöner Abend, und wir stossen – in Erinnerung an alte Zeiten – mit Cuba Libre an.

Früher machten wir das öfter: Ich sass mit ihm ganze Nächte lang in seinem Garten am Lagerfeuer. Wir redeten vor allem über Frauen und die Liebe und erfanden stets die Welt ganz neu.

Auch jetzt bin ich in Stimmung, die Welt zu verändern. Ich weiss nämlich seit kurzem, wie sie besser wird.

«Lass alle Männer für zwei Jahre die Kinder erziehen und den Haushalt schmeissen. Einige werden kläglich scheitern. Die andern werden zu besseren Menschen.»

Ich nehme einen Schluck.

«Wir können nämlich viel lernen von den Kindern. Von ihrer Fantasie, ihrer Anarchie, ihren Ideen. Es gibt nur ein Problem: Jene, die Kinder erziehen, haben in der Welt draussen nichts zu sagen. Deshalb fordere ich: Männer, bleibt zu Hause, ihr werdet das Leben, die Natur und die Frauen mehr respektieren.»

Ich blicke in ein leeres Glas.

«Alle Macht den Kindern! Alle Macht den Frauen!»

Meine rhetorische Kraft beeindruckt mich. Schreiber offenbar auch, denn sie blickt ernst und schweigt. Toni schenkt nach und murmelt: «Viva la revolución!»

Nach seiner erschütternden Erfahrung als kurzzeitiger, allein erziehender Hausmann erzählt Schneider jedem ungefragt, wie wahnsinnig viel Einsatz wir Mütter leisten würden und wie unglaublich anstrengend so ein Mutter-Kind-Alltag sei.

«Bravo, bravo, liebe Frauen», ruft er und prostet seinem Kumpel zu. Seine Lobeshymne macht bei Aussenstehenden immer enorm Eindruck: Was für einen aufgeschlossenen Mann ich doch habe: einen, der anpackt, der seine Hemden selber bügelt, die Waschmaschine vom Tumbler unterscheiden kann und unsere Kinder vor Mitternacht ins Bett bringt. Na bravo!

Schneiders Laudatio an die Frauen klingt echt überzeugend. Ist sie aber nicht. Denn seit meinem Job-Ausflug ist alles wieder beim Alten: Schneider geht arbeiten, ich bin zu Hause. Geändert hat sich also nichts, ausser dass ich nun jeden Abend einen etwas dickeren Kuss zur Begrüssung bekomme.

Mittlerweile ist es spät geworden. Zaubermaus kuschelt sich auf meinen Schoss und blinzelt müde. Ich beobachte meinen Liebsten. Er unterbricht seinen Redeschwall nur, um sich ein Schlückchen Cuba Libre zu genehmigen, und faselt dann auch noch was von «alle Macht den Frauen». Mein Stichwort: «Schatz, in fünf Minuten gehen wir!»

Albtraum auf dem Parkplatz

Wir wohnen nicht in Island, nicht im Wald, nicht im Dschungel, sondern in Zürich. Und hier wiederum in einem Quartier, in dem besonders viele monströse Geländewagen unterwegs sind und durch die Tempo-30-Zonen donnern. Alma und ich schaffen es jeweils knapp, auf die andere Strassenseite zu hechten, wo unser Auto steht (Zweiradantrieb, drei Beulen, mässig kräftig). Wir müssen warten, weil ein weiteres aufgeblasenes Teil vorbeidröhnt.

Als wir das Parkfeld endlich erreichen, steht ein Uniformierter dort und tippt die Nummer meines Autos in sein Kästchen, um mich für überschrittene Parkzeit zu büssen.

Ich komme so rasant von 0 auf 100 wie ein potenter Sportwagen und frage: «Macht das Spass?»

«Passen Sie auf, oder ich lasse Sie auf die Wache bringen», blafft die Uniform.

«WAS?»

«Zahlen Sie bar?», fragt die Uniform.

«NEIN!» Das Herz schlägt mir im Hals.

«Schreien Sie nicht!»

«Ich schreie nicht. Wieso kontrolliert ihr nicht Tempo 30? Da könntet ihr richtig Kohle machen! Ein geparktes Auto hat noch nie jemanden verletzt!»

«Provozieren Sie mich nicht», krächzt die Uniform.

Alma weint, und ich beisse mir auf die Zunge. Warum rege ich mich auf? Ich erinnere mich an die Worte eines alten Bekannten: «Es gibt in Zürich keine Parkbussen. Es gibt nur günstige oder teure Parkplätze!»

Das hier ist ein teurer.

Vor dem Einschlafen fragt mich unsere Zaubermaus wimmernd: «Muss der Papa jetzt ins Gefängnis?» Armes Schätzchen!

Das haben wir jetzt von Schneiders Strassenstreit! Ihm fehlt einfach die Gelassenheit und Cleverness, kurz: weibliche Taktik. Freundlich bleiben, sich ahnungslos stellen, Anteil nehmen.

Alma ist eingeschlafen. Ich lösche das Licht. Es ist spät geworden …

Oh nein! «Was, die Zeit ist schon abgelaufen?», frage ich freundlich und fahre fort: «Wissen Sie, ich musste rasch zum Kinderarzt, mein Kind hat schlimme Albträume.» Der Polizist schreibt weiter. Ich mache auf Anteilnahme: «Sie haben sicher einen mühsamen Job, jeder nervt sich, wenn Sie auftauchen.» Der Mann schaut mich mürrisch an: «Ich nerve niemanden!»

Oh! Jetzt bloss nicht aufregen. «Wissen Sie, ich verstehe, dass Sie das machen müssen. Aber schauen Sie, hier fahren die Leute wie die Wilden durch die Tempo-30-Zone, da wäre es doch vernünftiger …»

«Wollen Sie sagen, dass ich unvernünftig bin?»

Gott, ist der mies gelaunt.

«So!» Er zieht den Zettel aus seinem Maschinchen. «Zahlen Sie die Busse bar?»

Wie bitte? Jetzt reichts aber! «Kümmern Sie sich lieber um die Sicherheit, retten Sie Leben, tun Sie was Sinnvolles, Sie Hornochse!»

«Hornochse? Das kommt Sie teuer zu stehen. Ich nehme Sie mit …»

Und ich wache schweissgebadet auf.

SIE

Der Kramladen

SIE

Ich bin doch nicht blöd! Habe gestern eine Packung Suppenwürfel gekauft – und finde sie nicht mehr. Spurlos verschwunden. Ach, und wo ist eigentlich mein rosa Schal, den ich zum Geburtstag bekommen habe? Und gestern kam der neuste Elternbrief von der Pro Juventute: ebenfalls weg!

Langsam nervt's. Wir haben irgendein schwarzes Loch in unserer Wohnung, in dem Sachen verschwinden.

Ida räumt gerade Holzbretter mit Karacho aus dem Küchenschrank, als Zaubermaus zu mir an den Herd kommt: «Willst du einkaufen? Mein Laden ist offen», ruft sie, die Bretter scheppern. Nicht schon wieder! Seit Alma von ihrer Gotte einen supertollen Verkäuferisladen mit zehntausend Schubladen bekommen hat, wird bei uns pausenlos gehandelt. Immerhin kann man noch mit weicher Währung zahlen, mit Phantasiegeld.

«Ich muss jetzt erst mal kochen», versuche ich sie zu vertrösten und schnipsle Karotten klein. «Da brauchen Sie doch sicher Suppenwürfel?» – «Wie bitte?»

Zaubermaus führt mich in ihren Laden und siehe da: echte Suppenwürfel! Ich bin also doch nicht komplett verblödet.

«Wollen Sie auch Briefe? Oder einen Schal?» – AHAAAA!!!!

Jetzt sitze ich seit fünf Minuten in Almas Lädelchen und kaufe die erstaunlichsten Dinge zurück: einen angenagten Apfel, unseren Taschenrechner, Lippenstifte, Familienfotos und Schneiders Geldbeutel.

Schneiders Geldbeutel?

Armer Mann!

Ich komme zur Tür hinein. Schreiber drückt mir einen Kuss auf den Mund. «Hallo Schatz, in einer halben Stunde gibts Abendessen. Schau bitte nicht die Wohnung an, ich räume morgen früh auf. Und geh noch zur Alma einkaufen, bevor wir essen, sie fragt schon den ganzen Nachmittag, wann du endlich kommst.»

In Ordnung, suche ich halt später mein Portemonnaie. War das eine Aufregung heute Morgen an der Bushaltestelle: Der Bus kam, kein Geld in der Tasche, ein Termin im Büro. Also bin ich eingestiegen. Noch aufregender: die Schwarzfahrt, während der mein Puls an jeder Haltestelle hochschnellte, sobald jemand zustieg, der wie ein Kontrolleur aussah. Ich habe einfach keine Nerven für so was.

«Guten Abend», sage ich, «was haben Sie im Angebot?» Alma strahlt: «Erbsen und Erdbeeren!» – «Ich nehme alles», sage ich müde und frage: «Wie viel kostets?» – «Haben Sie denn Geld?», fragt Alma zurück. Was? Sonst nennt sie einen Preis, der zwischen einem und zwölftausend Franken liegt, und ich zahle immer anstandslos. Alma kichert und wühlt in einer Schublade: «Guck mal, Mama hat gesagt, du möchtest sicher das hier kaufen!» Sie hält mein Portemonnaie in die Höhe.

«Woher hast du das?»

«Gefunden.»

«Wo?»

«Gestern Abend. In deiner Hosentasche.»

«So, so, darf ich das bitte wieder haben?», sage ich streng. Alma lächelt:

«Kostet einen Franken. Aber einen richtigen!»

Es liegt was in der Luft

SIE

Ich habe Lust auf ein neues Parfum. Ein eindeutiges Zeichen dafür, dass nun auch ich dem Babyalter entwachse: Bei Alma und Ida habe ich jeweils während der ersten zwölf Monate keine künstlichen Düfte vertragen. Deshalb verwendete ich möglichst geruchsneutrale Deos, Shampoos, Cremes. Ich wollte an meinen Kindern schnuppern und dabei von keinem solariumgebräunten Armani oder mausetoten Versace gestört werden.

Doch jetzt kommt eine neue Phase: die Wiederentdeckung des Ichs. Was ja total unbuddhistisch ist, aber nach knapp einem Jahr mit dem Thema «Baby-Brei-Windeln-Stilleinlagen» höchste Zeit.

Da stehe ich also in der Parfümerie. Halb bewusstlos, halb beschwipst. Habe neun Papierstreifen in der Hand, die alle anders riechen – und keiner gut. Am Handgelenk verströmt grüner Apfel sein Aroma, weiter oben links riechts orientalisch, rechts daneben nach Kümmel, und meiner Nase stinkts langsam.

Eine Verkäuferin erkennt den Ernst der Lage und drückt mir ein Fläschchen mit der Bemerkung in die Hand: «Ein sehr dynamischer Duft. Verführerisch, sinnlich, stark!»

Keine Frage, der ist es!

Als ich am Abend Schneider mein neues Parfum vorführe, sagt er: «Mhmmm, fein.»

Dann schliesst er die Augen, zieht die Luft durch die Nase und flüstert nach einer kleinen Pause: «Du riechst wie meine Ex.»

Wenn ich bloss wüsste, an welche mich der Duft erinnert! Ich sehe rote Sonnenuntergänge vor mir, romantische Spaziergänge am See und verträumte Badenachmittage am Fluss, also das Standardprogramm, aber ich sehe kein Gesicht vor mir. Naja, so viele Freundinnen hatte ich nun auch wieder nicht; der Name wird mir schon wieder einfallen.

Schreiber unterbricht meine Gedanken.

«Das schmeisse ich weg», sagt sie.

«Was?»

«Ich verwende doch nicht einen Duft, bei dem du an andere Frauen denkst.»

«Sind aber schöne Erinnerungen.»

«Ach! Und dann küsst du mich, machst die Augen zu und siehst die andere vor dir. Fehlt nur noch, dass du mich Manuela nennst, oder Monika, oder Mausi!»

«Mausi? Ich habe nie jemanden Mausi genannt!», sage ich amüsiert.

Schreiber reagiert herrlich weiblich, macht kehrt und düst schimpfend Richtung Bad: «Deine alten Weibergeschichten! Was soll ich jetzt mit diesem Parfum? War ziemlich teuer!»

Auf einmal fällt mir der Name ein! Meine Güte, ist das lange her: Sie trug Rüebli-Jeans und ich war ja noch fast ein Kind, furchtbar verlegen und verstockt! «Rahel! Die Rahel wars!», rufe ich ins Bad. «Ich schmeiss es weg!», wiederholt Schreiber. Doch ich habe eine bessere Idee: «Schicken wirs doch ihr, die Rahel verwendet das vielleicht noch immer, und sie freut sich bestimmt über ein Zeichen von mir.»

Eine entscheidende Frage

Der ganz normale Wochentag beginnt so: Kinder wach, Schneider im Bad, ich in der Küche. «Wann kommst du heute zum Abendessen?» Schneider: «Hä?»

Ich lauter: «Wann bist du wieder zu Hause?»

Schneider: «Ah! Heute gegen sieben oder acht, bin den ganzen Tag unterwegs, ruf dich an.»

Schneider arbeitet wie ein Berserker am Kommunikationskonzept einer Firma – wir sehen ihn kaum. Ich schmiere etwas traurig eine Kindergartenstulle für Alma, reiche Ida eine Scheibe Vollkornbrot, Schneider kommt, trinkt Kaffee im Stehen, dann Küsschen, Küsschen, weg ist er. Die Kinder winken, ich krieche unter den Tisch, wische Idas Frühstücksreste auf und mache mir meine Gedanken.

Irgendwo habe ich gelesen, dass Eltern im Schnitt eine Viertelstunde pro Tag miteinander sprechen. Wir schaffen zurzeit sieben Minuten. Höchstens! Das passt mir nicht!

Zielstrebig gehe ich abends meinen Plan an: Die Kinder bekommen um sechs Uhr ihr Abendessen, danach stecke ich sie in die Wanne, Pyjama und ab ins Bett. Welch Wunder: Es klappt! Beide liegen um Viertel nach sieben im Bett und schlafen.

Jetzt zackig Kerzen und Weisswein auf den Tisch, den indischen Fischeintopf im Ofen erhitzen, Haydn auflegen und … mein Handy piepst. Ein SMS von Schneider. WEHE!!!!

«Möchte mal wieder Zeit zu zweit! Bin gleich daheim. Vermisse dich.»

Ich liebe meinen Schneider!

Jetzt sind wir seit bald einem Jahr zu viert. Die gemeinsame Zeit ist knapper geworden, das Zusammenleben anspruchsvoller. Alma besucht den Kindergarten und ist kein kleines Mädchen mehr, Ida kann gehen und ist den ganzen Tag auf den Beinen. Schreiber? Die putzt und wäscht und kocht, schreibt und gibt nebenbei Kurse. Und ich? Ich habe meinen Kopf im Augenblick nur bei der Arbeit. Wir hangeln uns durch die Tage, immer etwas kurzatmig.

Ich öffne die Wohnungstür.

Was für ein Duft! Irgendetwas mit Curry? Schreiber tritt mir im Gang entgegen und küsst mich. «Ist heute ein besonderer Tag?», frage ich verwundert.

Schreiber lächelt viel sagend und nickt: «Dinner zu zweit, danach Kerzen im Schlafzimmer.»

Schnell schlüpfe ich aus den Schuhen, schaue nach den schlafenden Kindern und werfe im Badezimmer einen Kontrollblick auf meine Erscheinung: müde, aber nicht unattraktiv.

Als ich am Tisch meiner Liebsten gegenübersitze und im Hintergrund nur eine Haydn-Symphonie zu hören ist, werde ich nervös. Was, wenn wir von dieser plötzlichen Zweisamkeit überfordert sind und nicht wissen, worüber wir reden sollen?

Doch zum Glück fällt mir gerade die Frage ein, die ich ihr schon lange wieder einmal stellen wollte. Ich schaue meiner Liebsten in die Augen und frage: «Wie geht es dir?»